ITC 국제토셀위원회

TOSEL
유형분석집

BASIC

Section II.
Reading & Writing

KB056325

1

영어를 시작하는 단계

2

영어의 밑바탕을
다지는 단계

TOSEL

TOSEL

TOSEL

TOSEL

TOSEL
Cocoon

유치원생

TOSEL
Pre Starter

초등 1,2학년

TOSEL
Starter

초등 3,4학년

TOSEL
Basic

초등 5,6학년

3	4	5	6
영어의 도약단계	영어의 실전단계	영어의 고급화 단계	영어의 완성단계

TOSEL

TOSEL

TOSEL

TOSEL
Junior

중학생

TOSEL
High Junior

고등학생

TOSEL
Advanced

대학생, 직장인

About TOSEL®

TOSEL은 각급 학교 교과과정과 연령별 인지단계를 고려하여 단계별 난이도와 문항으로
영어 숙달 정도를 측정하는 영어 사용자 중심의 맞춤식 영어능력인증 시험제도입니다.
평가유형에 따른 개인별 장점과 단점을 파악하고, 개인별 영어학습 방향을 제시하는 성적분석자료를 제공하여
영어능력 종합검진 서비스를 제공함으로써 영어 사용자인 소비자와
영어능력 평가를 토대로 영어교육을 담당하는 교사 및 기관 인사관리자인 공급자를
모두 만족시키는 영어능력인증 평가입니다.

TOSEL은 인지적-학문적 언어 사용의 유창성 (Cognitive-Academic Language Proficiency, CALP)과
기본적-개인적 의사소통능력 (Basic Interpersonal Communication Skill, BICS)을
엄밀히 구분하여 수험자의 언어능력을 가장 친밀하게 평가하는 시험입니다.

대상

유아, 초, 중, 고등학생,
대학생 및 직장인 등 성인

목적

한국인의 영어구사능력 증진과
비영어권 국가의 영어 사용자의
영어구사능력 증진

용도

실질적인 영어구사능력 평가 +
입학전형 및 인재선발 등에 활용
및 직무역량별 인재 배치

연혁

2002.02	국제토셀위원회 창설 (수능출제위원역임 전국대학 영어전공교수진 중심)
2004.09	TOSEL 고려대학교 국제어학원 공동인증시험 실시
2006.04	EBS 한국교육방송공사 주관기관 참여
2006.05	민족사관고등학교 입학전형에 반영
2008.12	고려대학교 편입학시험 TOSEL 유형으로 대체
2009.01	서울시 공무원 근무평정에 TOSEL 점수 가산점 부여
2009.01	전국 대부분 외고, 자사고 입학전형에 TOSEL 반영
	(한영외국어고등학교, 한일고등학교, 고양외국어고등학교, 과천외국어고등학교, 김포외국어고등학교, 명지외국어고등학교, 부산국제외국어고등학교, 부일외국어 고등학교, 성남외국어고등학교, 인천외국어고등학교, 전북외국어고등학교, 대전외국어고등학교, 청주외국어고등학교, 강원외국어고등학교, 전남외국어고등학교)
2009.12	청심국제중·고등학교 입학전형 TOSEL 반영
2009.12	한국외국어교육학회, 팬코리아영어교육학회, 한국음성학회, 한국응용언어학회 TOSEL 인증
2010.03	고려대학교, TOSEL 출제기관 및 공동 인증기관으로 참여
2010.07	경찰청 공무원 임용 TOSEL 성적 가산점 부여
2014.04	전국 200개 초등학교 단체 응시 실시
2017.03	중앙일보 주관기관 참여
2018.11	관공서, 대기업 등 100여 개 기관에서 TOSEL 반영
2019.06	미얀마 TOSEL 도입 발족식
	베트남 TOSEL 도입 협약식
2019.11	고려대학교 편입학전형 반영
2020.04	국토교통부 국가자격시험 TOSEL 반영
2021.07	소방청 간부후보생 선발시험 TOSEL 반영

About **TOSEL**® TOSEL에 대하여

What's TOSEL?

"Test of Skills in the English Language"

TOSEL은 비영어권 국가의 영어 사용자를 대상으로 영어구사능력을 측정하여 그 결과를 공식 인증하는 영어능력인증 시험제도입니다.

영어 사용자 중심의 맞춤식 영어능력 인증 시험제도

맞춤식 평가

획일적인 평가에서 세분화된 평가로의 전환

TOSEL은 응시자의 연령별 인지단계에 따라 별도의 문항과 난이도를 적용하여 평가함으로써 평가의 목적과 용도에 적합한 평가 시스템을 구축하였습니다.

공정성과 신뢰성 확보

국제토셀위원회의 역할

TOSEL은 고려대학교가 출제 및 인증기관으로 참여하였고 대학입학수학능력시험 출제위원 교수들이 중심이 된 국제토셀위원회가 주관하여 사회적 공정성과 신뢰성을 확보한 평가 제도입니다.

수입대체 효과

외화유출 차단 및 국위선양

TOSEL은 해외시험응시로 인한 외화의 유출을 막는 수입대체의 효과를 기대할 수 있습니다. TOSEL의 문항과 시험제도는 비영어권 국가에 수출하여 국위선양에 기여하고 있습니다.

Why TOSEL®

왜 토셀인가

01 학교 시험 폐지

일선 학교에서 중간, 기말고사 폐지로 인해 객관적인 영어 평가 제도의 부재가 우려됩니다. 그러나 전국단위로 연간 4번 시행되는 TOSEL 평가시험을 통해 학생들은 정확한 역량과 체계적인 학습방향을 꾸준히 진단받을 수 있습니다.

02 연령별/단계별 대비로 영어학습 점검

TOSEL은 응시자의 연령별 인지단계 및 영어 학습 단계에 따라 총 7단계로 구성되었습니다. 각 단계에 알맞은 문항유형과 난이도를 적용해 모든 연령 및 학습 과정에 맞추어 가장 효율적으로 영어실력을 평가할 수 있도록 개발된 영어시험입니다.

03 학교내신성적 향상

TOSEL은 학년별 교과과정과 연계하여 학교에서 배우는 내용을 학습하고 평가할 수 있도록 문항 및 주제를 구성하여 내신영어 향상을 위한 최적의 솔루션을 제공합니다.

04 수능대비 직결

유아, 초, 중등시절 어렵지 않고 즐겁게 학습해 온 영어이지만, 수능시험준비를 위해 접하는 영어의 문항 및 유형 난이도에 주춤하게 됩니다. 이를 대비하기 위해 TOSEL은 유아부터 성인까지 점진적인 학습을 통해 수능대비를 자연적으로 해나갈 수 있습니다.

05 진학과 취업에 대비한 필수 스펙관리

개인별 '학업성취기록부' 발급을 통해 영어학업성취이력을 꾸준히 기록한 영어학습 포트폴리오를 제공하여 영어학습 이력을 관리할 수 있습니다.

06 자기소개서에 토셀 기재

개별적인 진로 적성 Report를 제공하여 진로를 파악하고 자기소개서 작성 시 적극적으로 활용할 수 있는 객관적인 자료를 제공합니다.

07 영어학습 동기부여

시험실시 후 응시자 모두에게 수여되는 인증서는 영어학습에 대한 자신감과 성취감을 고취시키고 동기를 부여합니다.

08 AI 분석 영어학습 솔루션

국내외 15,000여개 학교/학원 단체 응시 인원 중 엄선한 100만명 이상의 실제 TOSEL 성적 데이터를 기반으로 영어인증시험 제도 중 세계 최초로 인공지능이 분석한 개인별 AI 정밀진단 성적표를 제공합니다. 최첨단 AI 정밀 진단 성적표는 최적의 영어학습 솔루션을 제시하여 영어 학습에 소요되는 시간과 노력을 획기적으로 절감해줍니다.

09 명예의 전당, 우수협력기관 지정

우수교육기관은 'TOSEL 우수 협력 기관'에 지정되고, 각 시/도별, 최고득점자를 명예의 전당에 등재합니다.

Evaluation ——————— 평가

평가의 기본원칙
TOSEL은 PBT(PAPER BASED TEST)를 통하여 간접평가와 직접평가를 모두 시행합니다.

TOSEL은 언어의 네 가지 요소인 **읽기, 듣기, 말하기, 쓰기 영역을 모두 평가합니다.**

문자언어
읽기능력
쓰기능력

음성언어
듣기능력
말하기능력

대한민국 대표 영어능력 인증 시험제도
TOSEL®

Reading 읽기	모든 레벨의 읽기 영역은 직접 평가 방식으로 측정합니다.
Listening 듣기	모든 레벨의 듣기 영역은 직접 평가 방식으로 측정합니다.
Writing 쓰기	모든 레벨의 쓰기 영역은 간접 평가 방식으로 측정합니다.
Speaking 말하기	모든 레벨의 말하기 영역은 간접 평가 방식으로 측정합니다.

TOSEL은 연령별 인지단계를 고려하여 **아래와 같이 7단계로 나누어 평가합니다.**

1 단계	**TOSEL**® COCOON	**5~7세의 미취학 아동**
2 단계	**TOSEL**® Pre-STARTER	**초등학교 1~2학년**
3 단계	**TOSEL**® STARTER	**초등학교 3~4학년**
4 단계	**TOSEL**® BASIC	**초등학교 5~6학년**
5 단계	**TOSEL**® JUNIOR	**중학생**
6 단계	**TOSEL**® HIGH JUNIOR	**고등학생**
7 단계	**TOSEL**® ADVANCED	**대학생 및 성인**

Grade Report

'학업성취기록부'에 토셀 인증등급 기재

개인별 '학업성취기록부' 평생 발급

진학과 취업을 대비한 **필수 스펙관리**

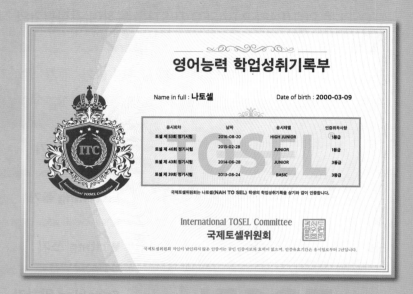

영어능력 학업성취기록부

Name in full : 나토셀   Date of birth : 2000-03-09

응시회차	날짜	응시레벨	인증취득사항
토셀 제 53회 정기시험	2016-08-20	HIGH JUNIOR	1등급
토셀 제 46회 정기시험	2015-02-28	JUNIOR	1등급
토셀 제 43회 정기시험	2014-06-28	JUNIOR	3등급
토셀 제 39회 정기시험	2013-08-24	BASIC	3등급

국제토셀위원회는 나토셀(NAH TO SEL) 학생의 학업성취기록을 상기와 같이 인증합니다.

International TOSEL Committee

국제토셀위원회

국제토셀위원회 직인이 날인되지 않은 인증서는 공인 인증서로의 효력이 없으며, 인증유효기간은 응시일로부터 2년입니다.

명예의 전당(트로피&상패)

명예의 전당 등재자를 위한 명예의 상품입니다. (별도 구매)

'토셀 명예의 전당' 등재

특별시, 광역시, 도 별 **1등 선발**

(7개시 9개도 **1등 선발**)

*홈페이지 로그인 - 시험결과 - 명예의 전당에서 해당자 등재 증명서 출력 가능

명예의 전당 홈페이지

홈페이지에서 각 시,도 별 명예의 전당 등재자를 확인하실 수 있습니다.

명예의 전당(증명서)

명예의 전당 등재자를 위한 등재 증명서입니다.
(홈페이지 무료 출력 가능, 액자 포함 유료구매)

AI 정밀진단 성적표

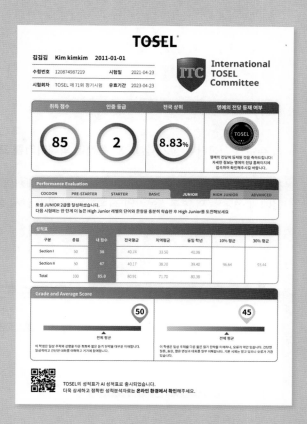

**십 수년간 전국단위 정기시험으로 축적된 빅데이터를
교육공학적으로 분석 · 활용하여 산출한 개인별 성적자료**

- 정확한 영어능력진단
- 응시지역, 동일학년, 전국에서의 학생의 위치
- 섹션별 · 파트별 영어능력 및 균형 진단
- 명예의 전당 등재 여부
- 온라인 최적화된 개인별 상세 성적자료를 위한 QR코드

인증서

대한민국 초,중,고등학생의 영어숙달능력 평가 결과 공식인증

고려대학교 인증획득 (2010. 03)   팬코리아영어교육학회 인증획득 (2009. 10)   한국응용언어학회 인증획득 (2009. 11)

한국외국어교육학회 인증획득 (2009. 12)   한국음성학회 인증획득 (2009. 12)

Grade Report

단체 및 기관 응시자 통계 분석 자료

십 수년간 전국단위 정기시험으로 **축적된 빅데이터를 교육공학적으로 분석 · 활용**하여 산출한 응시자 통계 분석 자료

정확한 영어능력진단 / 응시지역, 동일학년, 전국에서의 학생의 위치 / 섹션별 · 파트별 영어능력 및 균형 진단 /
명예의 전당 등재 여부 / 온라인 최적화된 개인별 상세 성적자료를 위한 QR코드

"성적표로 나의 약점을 파악하고, 유형분석집으로 보완해요!"

성적표 연계 유형분석집 200% 활용 팁

TOSEL은 1년에 4회 전국적으로 치뤄지는 정기시험을 통해 전국 15,000여개 교육기관의 실제 토셀 성적 데이터를 기반으로 국제토셀위원회, 고려대학교 언어정보연구소, 한국데이터산업진흥원, 과학기술정보통신부와 정보통신산업진흥원이 지원하는 빅데이터 및 AI 지원사업을 통해 개발한 AI 정밀 진단 성적표를 제공하고 있습니다. AI 정밀 진단 성적표의 시험 성적 결과뿐만 아니라 응시자에게 학습 방향을 제시하는 맞춤형 분석 결과를 통해 유형 분석집을 200% 활용할 수 있는 방법을 소개합니다.

상위권 도약을 원하는 학생들을 위한 **자주 틀리는 유형의 소개 및 문제 풀이 전략**과 **공부방법**을 제시

최상위권 도약을 원하는 학생들을 위해 **해당 시험에서 출제되지 않은 유형 소개**

유형분석집을 통해 부족한 유형들을 집중적으로 공부

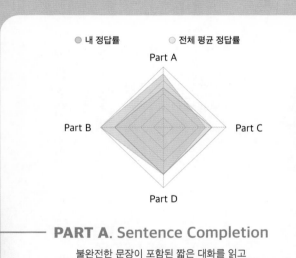

○ 내 정답률   ○ 전체 평균 정답률

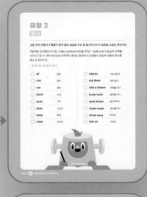

PART A. Sentence Completion
불완전한 문장이 포함된 짧은 대화를 읽고
상황에 알맞은 어휘와 문법을 사용하여 빈칸을 채워 넣는 파트입니다..

PART B. Situational Writing
그림을 보고 묘사하고 있는 상황에 맞는 영어 문장을 고르는 파트입니다.
사물의 이름, 상황, 표현 방법 등을 고려하여 올바르게
그림을 묘사할 수 있는지 평가합니다.

PART C. Practical Reading and Retelling
실용적인 읽기 자료를 주의 깊게 읽고 **주어진 사실을 바탕으로 유추**하여
해당 문제에 **알맞은 응답을 고르는 파트**입니다

PART D. General Reading and Retelling
다양한 주제의 읽기 자료를 읽고 **주어진 내용을 바탕으로 추론**하여
해당 문제에 **알맞은 응답을 고르는 파트**입니다

About this book

책 구조 한 눈에 보기

본 교재는 최근의 TOSEL 시험을 구성별로 차례차례 소개하는 **지침서**이며,
학습자들이 시험 유형을 **부담 없이** 숙지하고 습득하도록 교재를 다음과 같이 깔끔하게 구성했습니다.

Study Plan

4주 **Plan** 단기 집중 공략
8주 **Plan** 기초부터 실전까지 단계
별로 정복

Overview

각 파트 시험 소개 및
학습 전략

Voca

해당 유형의
주요 단어 소개

Example

실전보다 약간 쉽거나
축약된 형태의 문제로
TOSEL 시험 맛보기

Pattern Practice

실전보다 약간 쉽거나
축약된 형태의 문제로
TOSEL 시험 맛보기

Practice Test

실제 시험과 동일한 형태와 수준의
문제로 실전 연습하기

Appendix

TOSEL 시험에 나오는
어휘, 표현 정리

정답과 해설

practice test 속 문제 단어와
문제의 포인트를 잡는 명쾌한 해설

About this book

유형 분류 기준

국내외 15,000여개 학교/학원 단체 응시 인원 중 엄선한 100만명 이상의 실제 TOSEL 성적 데이터를 기반으로 속성 분석 프로그램을 이용하여, 문제 유형을 분류한 것을 바탕으로 집필되었습니다.

01 파트별 유형 설명

TOSEL Basic 시험의 읽기와 쓰기 Section에는 **총 4개의 유형**으로 나뉘어 있습니다.
각 파트별 단원이 시작하기 전에 각각 어떤 문항이 출제되는지, 어떤 종류의 유형이 있는지,
총 몇 개의 문항으로 구성되는지 등 파트별 유형 설명을 한눈에 알아보기 쉽게 정리하였습니다.

02 파트별 학습 전략

각 파트는 세부 유형으로 나누어 학습합니다. 본격적인 유형 학습에 들어가기에 앞서 **각 파트별 알짜 학습 전략**을 친절하게 알려줍니다. 문항을 풀 때 **문항 접근 방식 및 풀이 전략, 유형별 학습 방법** 등 학습 전략을 참고하여 심도 있고 수준 높은 영어 학습을 하기 바랍니다.

03 유형별 핵심 단어

수월하게 문제를 풀고 이해할 수 있도록 각 파트 시작 전, **핵심 단어를 제시**했습니다.
본격적인 학습을 하기전에 단어를 암기하기 바랍니다.

About this book

3단계 유형 학습

각 파트는 **세부 유형**으로 구분됩니다. 각 유형 학습은 세 단계로 나누어 학습하도록 구성하였습니다.
1단계부터 3단계까지 차근차근 학습하다 보면 자연스레 유형을 습득할 수 있도록 구성하였습니다. 세 단계는 다음과 같습니다.

Step 1. Example

유형을 처음 익히는 단계이며, 유형마다 대표 예제가 한 문제씩 제시됩니다. 학습자는 대표 예제를 해석, 풀이, 어휘와 함께 보면서 해당 유형의 문제 형태를 익힐 수 있습니다.

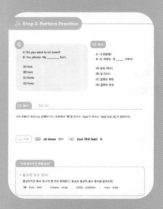

Step2. Pattern Practice

유형과 친해지는 중간 단계이며, 각 유형마다 두 문항 정도가 출제됩니다.
본격적으로 학생들이 스스로 문제를 풀고, 문항 바로 다음에 해석과 해설을 꼼꼼히 수록하여 바로 정답을 확인할 수 있도록 하였습니다.
Step1 에서 제시한 예제와 같은 패턴의 문제를 연습 하는 것이 주목적입니다.

Step3. Practice Test

유형을 완벽히 습득하는 마지막 단계이며, 각 유형마다 네 문항이 수록됩니다.
해석과 해설은 본문이 아닌, 별책인 정답 및 해설지에 따로 제공됩니다.
학생들이 스스로 실제 문항을 풀어 보며 유형을 완전히 숙지하는 단계입니다.

About this book

Appendix

단어들을 쉽게 찾고 공부할 수 있도록
유형분석집에 제시된 단어들을 알파벳 순으로 정리하여
제공하고 있습니다.

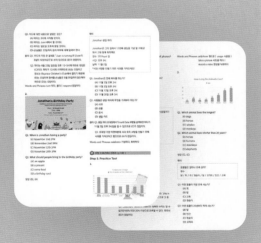

Answer

학생들이 스스로 문항을 풀어보는
Practice Test 단계의 문제 풀이 후 오답 여부를 확인할 수 있도록
문항에 대한 해석과 해설이 수록되어 있습니다.

Weekly Study Plan

5-WEEK Plan 단기간 안에 점수가 필요한 학습자를 위한 플랜

	Day 1	Day 2	Day 3	Day 4	Day 5
Week 1	Part A: 1 월 일	Part A: 2 월 일	Part A: 3 월 일	Part A: 4 월 일	Part A: 5 월 일
Week 2	Part A: 6 월 일	Part A: 7 월 일	Part A: 8 월 일	Part A: 9 월 일	Part B: 1 월 일
Week 3	Part B: 2 월 일	Part B: 3 월 일	Part B: 4 월 일	Part B: 5 월 일	Part C: 1 월 일
Week 4	Part C: 2 월 일	Part C: 3 월 일	Part C: 4 월 일	Part C: 5 월 일	Part C: 6 월 일
Week 5	Part C: 7 월 일	Part D: 1 월 일	Part D: 2 월 일	Part D: 3 월 일	Part D: 4 월 일

Weekly Study Plan

10-WEEK Plan 기초부터 실전까지 차근차근 정복하여 TOSEL 점수를 내고 싶은 학습자를 위한 플랜

	Day 1	Day 2	Day 3	Day 4	Day 5
Week 1	Part A: 1 월 일	Part A: 1 월 일	Part A: 2 월 일	Part A: 2 월 일	Part A: 3 월 일
Week 2	Part A: 3 월 일	Part A: 4 월 일	Part A: 4 월 일	Part A: 5 월 일	Part A: 5 월 일
Week 3	Part A: 6 월 일	Part A: 6 월 일	Part A: 7 월 일	Part A: 7 월 일	Part A: 8 월 일
Week 4	Part A: 8 월 일	Part A: 9 월 일	Part A: 9 월 일	Part B: 1 월 일	Part B: 1 월 일
Week 5	Part B: 2 월 일	Part B: 2 월 일	Part B: 3 월 일	Part B: 3 월 일	Part B: 4 월 일
Week 6	Part B: 4 월 일	Part B: 5 월 일	Part B: 5 월 일	Part C: 1 월 일	Part C: 1 월 일
Week 7	Part C: 2 월 일	Part C: 2 월 일	Part C: 3 월 일	Part C: 3 월 일	Part C: 4 월 일
Week 8	Part C: 4 월 일	Part C: 5 월 일	Part C: 5 월 일	Part C: 6 월 일	Part C: 6 월 일
Week 9	Part C: 7 월 일	Part C: 7 월 일	Part D: 1 월 일	Part D: 1 월 일	Part D: 2 월 일
Week 10	Part D: 2 월 일	Part D: 3 월 일	Part D: 3 월 일	Part D: 4 월 일	Part D: 4 월 일

Table of Contents

Section I. Reading & Writing

Part A Sentence Completion

Part A 유형설명

유형	세부 내용	문항 수
빈칸에 맞는 단어 고르기	1. 명사	각 유형이 골고루 출제됨
	2. 대명사	
	3. 형용사	
	4. 부사	
	5. 동사의 형태	
	6. 동사의 시제	
	7. 전치사	
	8. 의문문	
	9. 접속사	
총 9개 유형		총 5문항

DIRECTION

① 1-5번까지 총 5문항으로 구성됩니다.

② 빈칸이 들어간 2-turn 대화문이 나오고, 주어진 4개의 보기 중 빈칸에 문법적으로 알맞은 단어나 표현을 고르는 문제입니다.

Part Ⓐ 는 이렇게 준비하자!

❶ 기본적인 문법에만 집중하기

실용영어에 초점을 맞추는 TOSEL은 영어 모국어 화자들이 실생활에서 자주 쓰는 기본적이고 대표적인 문법 사항만을 다루고 있다. 또한 한국의 초등학교/중학교 정규 교과과정에서 배우는 수준의 문법 사항을 다루고 있기 때문에 본 책에 수록된 기본 문법 사항과 예문을 가볍게 훑는다는 마음가짐으로만 학습하여도 Part A를 준비하는 데 충분하다.

❷ 실제 대화 속에서 문법 익히기

문법 개념이 영어 화자들의 대화에서 어떻게 쓰이는지를 자세히 들어보며 '영어의 표현과 구조'를 자연스럽게 습득하는 것이 좋다. 다음 예시 문장을 살펴보자.

Example

This is __my__ favorite flower. 그것은 내가 좋아하는 꽃이다.

밑줄 그어진 빈 칸에 알맞은 단어를 찾을 때 인칭대명사 소유격으로써의 'my'를 고르는 방법도 있지만 문법에 얽매이기 보다는 '내가 가장 좋아하는~'(my favorite~)이라는 영어 표현을 평소에 자연스럽게 습득하는 것이 TOSEL Part A에 대비하는 바람직한 방법이다.

VOCA

adj **thin**	가는	
adj **long**	긴	
adj **sharp**	날카로운	
v **cut**	자르다	
n **handle**	손잡이	
n **pan**	후라이팬	
n **salt**	소금	
n **knife**	칼	

n **beach**	해변	
n **sand**	모래	
n **bucket**	양동이	
v **agree**	동의하다	
v **build**	짓다	
n **starfish**	불가사리	
n **sailboat**	돛단배	
n **sandcastle**	모래성	

유형 1
명사

명사는 이 세상에 존재하는 모든 것의 이름을 나타내는 품사이다.
사람, 사물처럼 눈에 보이는 것들 뿐만 아니라 '행복'이나 '용기'와 같이 눈에 보이지 않는
것들의 이름까지도 포함한다.

명사의 형태

- **대표적인 명사의 끝말** -tion, -sion, -ness, -ment, -ty

  ex Man wants **happiness** and peace.
  사람은 행복과 평화를 원한다.

명사의 쓰임

❶ 주어로 쓰이는 경우   ex **Cats** don't like water.   고양이들은 물을 싫어한다.
→ 주어 자리에 위치한 'cats'

❷ 목적어로 쓰이는 경우   ex The library has many **books**.   그 도서관에는 많은 책들이 있다.
→ 목적어 자리에 위치한 'books'

셀 수 있는 명사와 셀 수 없는 명사

영어에서는 명사를 셀 수 있는 명사와 셀 수 없는 명사로 구분한다. 'desk(책상)'과 같은 물건이나
'nurse(간호사)'와 같은 사람처럼 몇 개[명]인지를 셀 수 있으면 '셀 수 있는 명사(가산명사)'이고
'설탕(sugar)', '우유(milk)'와 같이 개수를 셀 수 없거나, 'sadness(슬픔)'과 같이 눈에 보이지
않는 개념은 '셀 수 없는 명사(불가산 명사)'라고 한다.

명사		
	셀 수 있는 명사	book 책 desk 책상 doctor 의사 student 학생 city 도시 bank 은행 leg 다리 banana 바나나
	셀 수 없는 명사	water 물 juice 쥬스 rice 쌀 hair 머리(털) air 공기 paper 종이 money 돈 London 런던

- 셀 수 있는 명사는 명사 앞에 'a'나 'an'을 붙여 단수임을 표시하거나 명사 뒤에 '-s'나 '-es'를 붙여 복수임을 표시한다. 하지만 예외도 있다.

단수		a word 단어 한 개 an apple 사과 한 개
복수	대부분의 명사 '명사+-s'	dog — dog**s** 개 rose — rose**s** 장미
	-s, -sh, -ch, -o로 끝나는 명사 '명사+-es'	princess — princess**es** 공주 dish — dish**es** 접시 church — church**es** 교회 tomato — tomato**es** 토마토
	-f, -fe로 끝나는 명사 '명사+ (-f, -fe를 v로 고친 후) -es'	wolf — wol**ves** 늑대 knife — kni**ves** 칼
	자음+y'로 끝나는 명사 '명사+ (y를 i로 고친 후) -es'	candy — cand**ies** 사탕 baby — bab**ies** 아기
	불규칙 변화	man — m**en** 남자 woman — wom**en** 여자 goose — ge**e**se 거위 child — child**ren** 어린이

✅ 주어 확인하기!

문장의 주어가 정답을 고르는데 중요한 역할을 하기 때문에 빈칸에 오는 명사를 파악하기 위해서는 주어를 필수적으로 확인해야한다. **주어와 빈칸의 관계를 파악해야** 정확한 답을 찾을 수 있다.

✅ 수 확인하기!

대상이 단수인지 복수인지 확인해야 문법적으로 알맞은 답을 찾을 수 있다. 질문을 꼼꼼히 읽어야 수를 확인할 수 있기 때문에 자세히 읽는 연습을 틈틈이 하도록 하자.

✅ 단어 미리 익히기!

문제를 풀기 위해서는 문법적으로 접근하는 것뿐만 아니라 각 선지에 나온 단어의 의미를 알아야한다. 평소에 **핵심 명사 단어들을 익혀두도록** 해야 한다. 자주 나오는 명사들은 기본적으로 알아둔 다음 그와 관련된 명사들까지도 넓혀 학습해 보자.

지금부터 문제들을 살펴볼까요?

Q

A: How many cups do you need?
B: We need about twenty _____.

(A) cup
(B) cups
(C) a cup
(D) the cup

◁⑴ 해석

A: 컵 몇 개 필요해?
B: _____ 20개 정도가 필요해.

(A) 컵 (단수)
(B) 컵들 (복수)
(C) 컵 하나 (단수)
(D) 그 컵 (단수)

 풀이　　정답 (B)

컵이 몇 개가 필요한지에 대한 질문에 20개가 필요하다고 했으므로 cup의 복수형태인 (B)가 정답이다.

Aa 어휘　　ⁿ **cup** 컵　　ᵛ **need** 필요하다

함께 알아두면 좋을 표현

∗ How many ~?

'How many ~?'는 개수를 물을 때 사용하는 표현으로 'How many' 뒤에는 셀 수 있는 명사가 온다.

ex　How many siblings do you have?　너는 형제가 몇명 있니?

　　How many people are coming to the party?　파티에 몇명이 오니?

Step 2. Pattern Practice

Q

A: Do you want to sit down?
B: Yes, please. My _____ hurt.

(A) feet
(B) foot
(C) foots
(D) feets

해석

A: 너 앉고 싶니?
B: 응, 제발. 내 _____ 아파.

(A) 발들 (복수)
(B) 발 (단수)
(C) 잘못된 표현
(D) 잘못된 표현

풀이　　정답 (A)

'hurts'가 아닌 'hurt'가 쓰인 것으로 보아 두 발이 아프다고 한다. '발'을 뜻하는 'foot'의 복수는 'feet'으로 (A)가 정답이다.

Aa 어휘　　v **sit** 앉다　　n **foot (복수 feet)** 발　　v **hurt** 아프다

함께 알아두면 좋을 표현

＊불규칙 복수 명사

단수 명사에 's'나 'es'가 붙는 일반적인 복수 명사 이외에도 형태가 다른 복수 명사나 단수 명사와 형태가 같은 복수 명사가 있다. 평소에 복수 명사의 불규칙 변화를 알아두자.

ex　foot - feet ｜ mouse - mice ｜ child - children ｜ man - men ｜ sheep - sheep

Q

A: I'm saving some _____ for a new bike.

B: How much did you save?

(A) dollar

(B) dollars

(C) money

(D) moneys

◁ᵥ)) 해석

A: 나는 새 자전거를 사기 위해 _____을(를) 좀 모으고 있어.

B: 얼마나 모았어?

(A) 달러 (단수)

(B) 달러 (복수)

(C) 돈 (단수)

(D) 돈 (복수)

💬 풀이   정답 (C)

'dollar'는 화폐 단위이며 'money'는 돈을 뜻한다. 돈은 셀 수 없는 명사로 (C)가 정답이다.

Aa 어휘   **save** 모으다   **bike** 자전거

함께 알아두면 좋을 표현

＊ Countable vs. Uncountable Nouns

셀 수 있는 명사와 셀 수 없는 명사를 구분하는 것이 중요하다. 셀 수 있는 명사 뒤에는 's' 혹은 'es'를 붙이고 셀 수 없는 명사는 아무것도 붙이지 않는다.

Q1

A: Why did you buy so much milk?
B: I have five _____.

(A) child
(B) childs
(C) childes
(D) children

Q2

A: 'A Cat's Life' is one of my favorite _____.
B: I watched that, too.

(A) movie
(B) movies
(C) a movie
(D) a movies

토셀쌤의 문제 풀이 Tip!

위의 문제들처럼 **질문을 자세히 읽으면** 정답이 단수인지 복수인지 알 수 있는 문제들이 있다. 질문 안에 힌트가 있으니 질문을 자세히 읽고 풀도록 하자.

Q3

A: There aren't that many people.
B: There are only two _____ in the hall.

(A) woman
(B) women
(C) womans
(D) womens

Q4

A: How many chairs do you want?
B: We only need ten _____.

(A) chair
(B) chairs
(C) any chair
(D) some chairs

함께 알아두면 좋을 표현

* **There is/are ~**

'There is/are ~'는 '~가 있다'라는 의미로 수량을 나타낼 때 자주 사용한다.

ex **There are** five books in my locker. 내 사물함에는 책이 다섯 권이 있다.
There is a cat under the bench. 벤치 아래 고양이가 있다.

유형 2
대명사

대명사란 사람이나 사물을 의미하는 명사가 반복 될 때, 그 명사의 이름을 대신 나타내는 말로 인칭대명사, 재귀대명사, 지시대명사 등이 있다.

인칭대명사

사람이나 사물의 이름을 가리키는 말이다. 인칭대명사의 종류에는 주격, 소유격, 목적격이 있다. 또한 '소유격+명사'로 바꾸어 쓸 수 있는 소유대명사와 주어를 강조하는 재귀대명사도 포함한다.

	인칭	주격	소유격	목적격	소유대명사	재귀대명사
단수	1인칭	I	my	me	mine	myself
	2인칭	you	your	you	yours	yourself
	3인칭	he	his	him	his	himself
		she	her	her	hers	herself
		it	its	it	-	itself
복수	1인칭	we	our	us	ours	ourselves
	2인칭	you	your	you	yours	yourselves
	3인칭	they	their	them	theirs	themselves

I forgot to bring my scissors. Would you lend me yours?
주격   소유격   주격   목적격 소유대명사

(내가) 나의 가위를 가져오는 것을 깜빡했는데. (네가) 네 것을 나에게 빌려줄 수 있니?

He looked at **himself** in the mirror.
주격   재귀대명사

그는 거울에 비친 **자기 자신**을 보았다.

지시대명사

특정한 사람, 사물, 장소 등을 지시하는 대명사로, 지시대명사 this(이것/이 사람), that(저것/저 사람)을 사용한다. 또 지시하는 것이 여러 개일 경우 these(이것들/이 사람들), those(저것들/저 사람들)를 사용한다. 또한 this/these나 that/those가 명사 앞에서 명사를 꾸며 주는 형용사 역할을 할 때 '이 ~' 또는 '저 ~' 라는 의미의 지시형용사로 사용되기도 한다.

ex   **This** is my pencil case.   이것은 내 필통이야.
       지시대명사

       Are **these** real flowers?   이것들은 진짜 꽃이야?
            지시대명사

       Are **those** flowers real?   저 꽃들은 진짜야?
            지시형용사

       That pencil case is mine.   저 필통은 내 거야.
       지시형용사

✅ **대화의 흐름 파악하기!**

대명사는 사람이나 사물을 의미하는 명사가 반복될 때 쓰이는 품사로, 대화의 흐름을 잘 파악하는 것이 중요하다. 빈칸은 대화 속 무슨 대상을 지칭하는지 찾는다면 쉽게 문제를 풀 수 있다.

✅ **문장 성분 파악하기!**

빈칸에는 어떤 문장 성분이 와야 하는지 확인한다면 **주격/소유격/목적격/소유대명사/재귀대명사 중 어떤 것이 들어갈 수 있는지** 알 수 있다.

✅ **패턴 학습하기!**

대명사는 특정 품사의 앞 혹은 뒤에 오는 패턴을 가지고 있기 때문에, 대명사를 학습할 때는 어떤 품사들이 앞뒤에 위치하는지 주의 깊게 봐 두어야 한다. 패턴을 반복적으로 익힌다면 수월하게 정답을 찾을 수 있다.

지금부터 문제들을 살펴볼까요?

Step 1. Example

Q

A: Are these your gloves?
B: They're Jason's. He is looking for _____.

(A) it
(B) its
(C) them
(D) theirs

🎧 해석

A: 이것들 네 장갑이야?
B: 제이슨꺼야. 그는 _____을 찾고 있어.

(A) 그것 (3인칭 단수 주격,목적격)
(B) 그것의 (3인칭 단수 소유격)
(C) 그들 (3인칭 복수 목적격)
(D) 그들의 (3인칭 복수 소유대명사)

 풀이   정답 (C)

알맞는 인칭대명사를 고르는 문제이다. 장갑 한 켤레를 의미할 때 'gloves'는 반드시 복수형태로 써야하며 전치사 'for' 뒤에는 명사가 와야하므로 목적격 대명사인 (C)가 정답이다.

Aa 어휘   n **glove** 장갑   v **look for** 찾다

함께 알아두면 좋을 표현

∗ **Is this/Are these ~?**

'Is this/Are these ~?'는 '~가 누구의 것이니?'라고 물어볼 때 사용할 수 있는 표현이다.
'Is this ~?'는 단수일 경우, 'Are these ~?'는 복수일 경우 사용한다.

ex Is this **his phone?** 이건 그의 휴대폰이니?   Are these **your jeans?** 이건 네 청바지이니?

Q

A: _____ idea sounds unrealistic.
B: I agree. Maybe we can't do that.

(A) He
(B) His
(C) Him
(D) Himself

◁» 해석

A: _____ 아이디어는 너무 비현실적인 것 같아.
B: 맞아. 아마 우리는 못 할 거야.

(A) 그 (3인칭 주격)
(B) 그의 (3인칭 소유격)
(C) 그 (3인칭 목적격)
(D) 그 자신 (3인칭 재귀대명사)

💬 풀이   정답 (B)

알맞는 인칭대명사를 고르는 문제이다. '그의 아이디어'라는 표현을 쓰기 위해 3인칭 단수 소유격 대명사인 'his'를
사용해야 하므로 (B)가 정답이다.

Aa 어휘   adj **unrealistic** 비현실적인   v **agree** 동의하다

함께 알아두면 좋을 표현

* I agree

"I agree."는 누군가의 말에 동의할 때 사용할 수 있는 표현이다. "I agree."만 단독으로 사용할 수도 있고
'with ~'을 덧붙여 뒤에 어떤 것과 동의한다고 표현할 수 있다.

ex I agree **with his idea.**   나는 그의 생각과 동의해.

Q

A: Are _____ books yours?
B: Yes, they are my favorite novels.

(A) it
(B) this
(C) they
(D) these

해석

A: _____ 책들 네꺼야?
B: 응, 이 책들은 내가 좋아하는 소설이야.

(A) 그것
(B) 이것
(C) 그들
(D) 이것들

풀이　　　정답 **(D)**

알맞는 지시형용사를 고르는 문제이다. 복수형태인 'books' 앞에 위치하므로 동일하게 복수 형태를 써야한다.
따라서 (D)가 정답이다.

Aa 어휘　　n **book** 책　　n **novel** 소설

함께 알아두면 좋을 표현

＊ 인칭대명사의 격 변화

문장에서 하는 역할에 따라 대명사의 형태가 달라진다. 주어 역할을 할 때, 목적어 역할을 할 때, 소유하는
의미를 가질 때 각각 단어 형태가 각각 달라진다. 1인칭, 2인칭, 3인칭일 때 형태를 모두 알아두도록 하자.

Q1

A: Mom! I'm angry! I can't understand Noah.
B: Why don't you put _____ in Noah's shoes?

(A) you
(B) your
(C) yours
(D) yourself

Q2

A: So cute! The baby is looking at _____ in the mirror.
B: It seems like she doesn't know who is in the mirror.

(A) her
(B) she
(C) hers
(D) herself

함께 알아두면 좋을 표현

* **Put oneself in someone's shoes**

'put oneself in someone's shoes'는 상대방의 입장에서 생각해보라는 뜻을 가진 표현이다.
주로 조언 할 때 사용하는 표현이다.

ex Put yourself in her shoes. 네가 그녀 입장이 되어봐.

Q3

A: Excuse me, sir. Smoking is not allowed here.
B: Sorry. I didn't know _____.

(A) that
(B) they
(C) those
(D) these

Q4

A: I found this pencil in history class.
B: Oh, it is _____.

(A) I
(B) my
(C) me
(D) mine

* 지시대명사의 사용법

지시대명사는 사람, 사물, 장소 뿐만 아니라 어떠한 사건 혹은 사실을 나타내기도 한다.

ex A: I've got first prize.   B: That's great!   A: 나 대상받았어.   B: 그 것 참 잘됐다!

유형 3
형용사

형용사는 문장 속에서 명사를 꾸며주어 명사의 수, 성질, 상태, 기분 등을 표현한다.
형용사는 명사 앞에 위치한다.

형용사의 형태

· 대표적인 형용사의 끝말 -ic, -y, -able, -ous, -al, -ful, -less, -an/ese, 명사+ly

ex Her work is **fantastic**.　　그녀의 작업은 환상적이다.

ex He is very **hungry**.　　그는 매우 배가 고프다.

ex The chair is very **comfortable**.　　그 의자는 엄청 편안해요.

ex His mother is a **famous** cook.　　그의 어머니는 유명한 요리사에요.

ex The theory is **logical**.　　그 이론은 논리적이다.

ex His eyes are **beautiful**.　　그의 눈은 아름답다.

ex The **careless** boy fell down.　　조심성이 없는 소년은 넘어졌다.

ex **Korean** culture and **Japanese** culture are different.　　한국의 문화와 일본의 문화는 다르다.

ex He is **friendly** to his cat.　　그는 그의 고양이에게 다정하다.

형용사의 쓰임

형용사는 명사의 바로 앞에서 명사를 직접 수식하거나 또는 명사를 보충 설명하는 보어로 쓰인다.

❶ 명사 앞에서 직접 수식하는 경우

Green Kitchen offers **fresh** dishes.   Green Kitchen은 신선한 음식을 제공한다.

❷ 보어로 쓰이는 경우

The staff are **cheerful and helpful.**   그 직원들은 쾌활하고 도움이 된다.

수량 형용사

· **수량 형용사의 종류**
  many, much, all, most, some, several, each, every, few, a few, little, a little

ex **Many** students will sing folk songs.   많은 학생들이 민요를 부를 것이다.

ex **Each** painting is signed by the artist.   각 그림은 화가에 의해 서명이 되어있다.

ex **Few** people can solve the problem.   그 문제를 해결할 수 있는 사람은 거의 없다.

✅ **형용사와 부사 구분하기!**

형용사와 부사는 학생들이 자주 헷갈려 하니 그 차이를 공부해야 한다. 형용사를 써야 할 자리에 부사를 쓰고, 부사를 써야 할 자리에 형용사를 쓰지 않도록 하기 위해 **형용사, 부사를 각각 어느 상황에서 사용하는지** 정확히 익혀야 한다.

✅ **전치사 확인하기!**

형용사 뒤에 자주 나오는 전치사 표현들을 학습해두면 문제를 풀 때 수월해진다. 전치사가 정답을 고르는데 힌트가 될 수 있으므로 평소에 **형용사+전치사로 이루어진 표현들의 의미를 알아두도록** 하자.

✅ **불규칙 형태 기억하기!**

전형적인 형용사의 형태가 아닌 불규칙한 형태도 존재하므로 형식만 보고 형용사임을 판단하지 말아야 한다. 형용사의 뜻을 온전히 알아야 정답을 맞힐 수 있으므로 **불규칙 형태를 미리 학습해두도록** 하자.

지금부터 문제들을 살펴볼까요?

Step 1. Example

Q

A: What is his _____ name?
B: His name is Earl Stark.

(A) real

(B) really

(C) reality

(D) realize

해석

A: 그의 _____ 이름은 뭐야?
B: 그의 이름은 Earl Stark야.

(A) 진짜의

(B) 정말로

(C) 현실

(D) 깨닫다

풀이　　　정답 (A)

형용사 'real(진짜의)'은 명사 'name(이름)'을 앞에서 수식하므로 (A)가 정답이다.

Aa 어휘　　n **real** 진짜의　　n **reality** 현실　　v **realize** 깨닫다

adv **really** 정말로

함께 알아두면 좋을 표현

✳ **My/Her/His/Its name is ~.**

누군가의 이름을 소개할 때 사용하는 표현이다. 'name' 앞에 소유격이 온다.

ex **My name is** Kevin. 　내 이름은 Kevin이야.

　Her name is Catherine. 　그녀의 이름은 Catherine이야.

Q

A: Why did you go to the bank?
B: I opened a _____ account.

(A) person
(B) personal
(C) personally
(D) personality

🔊 해석

A: 너 왜 은행에 갔어?
B: 나는 내 _____ 계좌를 열었어.

(A) 사람
(B) 개인적인
(C) 개인적으로
(D) 성격

💬 풀이   정답 (B)

형용사 'personal(개인의)'은 명사 'account(계좌)'를 앞에서 수식하여 인명계정/개인계좌라는 뜻을 만든다. 따라서 (B)가 정답이다.

Aa 어휘

n	**person** 사람	adv	**personally** 개인적으로	n	**bank** 은행
adj	**personal** 개인적인	n	**personality** 성격	v	**open** 열다
n	**account** 계좌				

함께 알아두면 좋을 표현

* **Why did you ~?**

'Why did you ~?'는 어떤 일을 왜 했는지 이유를 물을 때 사용하는 표현으로 'Why did' 뒤에 주어와 동사 원형을 써서 의문문을 만든다.

ex　Why did you open the window?　왜 창문을 열었니?

Q

A: Why do you look so _____?
B: Please leave me alone.

(A) series
(B) serious
(C) seriously
(D) seriousness

🔊 해석

A: 왜 그렇게 _____?
B: 제발 나 좀 혼자 내버려둬.

(A) 연속
(B) 심각한
(C) 심각하게
(D) 심각함

💬 풀이　　정답 (B)

look은 감각동사로써 빈칸에는 주어를 보충 설명하는 주격보어가 필요하다. 명사 또는 형용사가 와야 하므로 'serious'가 적절하다. 'look serious'는 '심각한 얼굴을 하다'라는 의미로써 (B)가 정답이다.

 어휘　　ⓥ **leave** 놔두다, 떠나다　　ⓝ **series** 연속　　adv **seriously** 심각하게

ⓝ **seriousness** 심각함

함께 알아두면 좋을 표현

＊ **Leave ~ alone**

　'Leave ~ alone'은 누군가를 내버려 두라고 말할 때 사용하는 표현으로 'leave' 뒤에는 목적격이 온다.

　ex Leave him alone. 그를 내버려둬.　　Leave us alone. 우리를 내버려둬.

Q1

A: What a _____ puppy!
B: This is Happy. I brought him home yesterday.

(A) cue
(B) cute
(C) cutely
(D) cuteness

Q2

A: I'm going to move to another city.
B: You can make _____ friends.

(A) new
(B) news
(C) newly
(D) newness

함께 알아두면 좋을 표현

* **What 감탄문**

'What ~'는 감탄을 할 때 사용할 수 있는 표현으로 'What+(형용사)+명사'로 구성한다.

ex What an **experience** 얼마나 멋진 경험이야!

What a **day!** 얼마나 멋진/힘든 날이야! What **good luck they had!** 그들은 정말 운이 좋았네!

Q3

A: My grandfather goes for a walk every day.
B: He looks very _____.

(A) health
(B) healthy
(C) healthful
(D) healthiness

Q4

A: Did you do the math homework?
B: Not yet. It is too _____.

(A) hard
(B) hardly
(C) harden
(D) hardness

✽ 형용사의 위치

형용사는 대부분 명사 앞에 위치한다. 감각 동사와 be동사를 사용할 때는 형용사가 동사 뒤에 위치한다.

ex drinking water 마시는 물   brave decision 용기있는 결정

It smells fresh. 신선한 냄새가 난다.   These are awesome 이것들은 정말 대단해.

유형 4
부사

부사는 문장의 동사, 형용사, 다른 부사뿐만 아니라 문장 전체를 꾸며주는 역할을 한다. 언제, 어디서, 어떻게, 왜 했는지 등의 정보를 첨가하여 문장의 의미를 더욱 풍성하게 하며, 보통 '~하게'로 해석된다.

부사의 형태

주로 형용사에 '-ly'가 붙어 부사의 의미를 갖는다. 형용사와 같은 형태의 부사와 'ly'가 붙지 않는 부사도 있다.

❶ 형용사에 '-ly'가 붙은 부사

ex We **usually** eat breakfast at home.   우리는 보통 집에서 아침을 먹어.

❷ 형용사와 형태가 같은 부사

ex I woke up **late** this morning.   나는 오늘 아침 늦게 일어났다.

❸ 'ly'가 붙지 않는 부사

ex They are **very** close friends.   그들은 매우 친한 친구이다.

부사의 쓰임

부사는 동사, 형용사 그리고 부사를 수식하거나 문장 전체를 수식할 수도 있다.

❶ 동사 수식

He **quietly** slipped away.　　그는 조용히 빠져나갔다.

❷ 형용사 수식

The dance seems **slightly** difficult.　　그 춤은 약간 어려운 것 같아.

❸ 부사 수식

Last night's party was **so** fun!　　어젯밤 파티는 너무 재밌었어!

❹ 문장 전체 수식

Sometimes, I just want to be alone.　　때로는 난 혼자 있고 싶다.

시간, 빈도, 정도를 나타내는 부사

❶ **시간**　ex　now 지금 ｜ ago ~전에 ｜ soon 곧

❷ **빈도**　ex　always 언제나 ｜ often 자주 ｜ usually 보통 ｜ sometimes 때로는

❸ **정도**　ex　so 매우 ｜ very 매우 ｜ quite 매우, 상당히 ｜ much 많이, 훨씬

✅ **문장 속 위치 확인하기!**

부사는 문장 속에서 어떤 것을 수식하는지에 따라 위치가 달라지므로 빈칸의 위치가 **동사 앞 혹은 뒤에 있는지, 문장 앞에 있는지 등을 확인**하는 것이 필요하다.

✅ **대화의 흐름 이해하기!**

문항에 제시된 선택지 중에서 문법적으로 적절할 수는 있어도 문맥 상으로 적절하지 않을 때가 있다. 그렇기에 **대화의 내용을 잘 이해하고 대화 속 인물은 무엇을 강조하고 싶은 건지 파악**하면 빈칸에 알맞은 부사를 넣을 수 있다.

✅ **불규칙 형태 기억하기!**

부사는 보통 '형용사+ly'의 형태지만, 완전히 다른 형태들도 있으므로 유의해야 한다. **불규칙 형태의 부사들을 미리 학습하고, '형용사+ly'의 형태이지만 의미가 달라지는 것들도 있으니** 그 뜻도 함께 알아두자.

지금부터 문제들을 살펴볼까요?

Step 1. Example

Q

A: Neil, did you wash your hands?
B: Yes, I _____ washed them.

(A) yet
(B) still
(C) about
(D) already

🎧 **해석**

A: Neil, 너 손 씻었어?
B: 응, 나 _____ 씻었어.

(A) 아직
(B) 아직(도), 계속해서
(C) ~에 대해서, 막
(D) 이미

💬 **풀이**　　정답 (D)

'Yes'라는 답변을 통해 통해 손을 씻었다는 사실을 알 수 있으며 '이미'라는 뜻의 'already'가 문맥상 가장 알맞기 때문에 (D)가 정답이다.

Aa 어휘　　v **wash** 씻다　　n **already** 이미

함께 알아두면 좋을 표현

＊ Did you ~?

'Did you ~?'는 어떤 것을 했는지 물어볼 때 사용하는 표현으로 'Did you' 뒤에는 항상 동사원형이 온다.

ex Did you watch that movie? 저 영화 봤어?
Did you have lunch? 점심 먹었어?

Q

A: How are your exams going?
B: The science exam was _____ easy.

(A) surprise
(B) surprised
(C) surprising
(D) surprisingly

🔊 해석

A: 시험은 잘 보고 있니?
B: 과학 시험은 _____ 쉬웠어.

(A) 놀라게 하다
(B) 놀란
(C) 놀라운
(D) 놀랄 만큼

💬 풀이   정답 (D)

부사 'surprisingly(놀랄 만큼)'는 형용사 'easy(쉬운)'를 수식하므로 (D)가 정답이다.

Aa 어휘

n	**exam** 시험	v	**surprise** 놀라게 하다	adj	**surprising** 놀라운
adj	**easy** 쉬운	adj	**surprised** 놀란	adv	**surprisingly** 놀랄 만큼

함께 알아두면 좋을 표현

＊ 부사의 대표적인 형태

대다수의 부사는 형용사에 -ly를 붙여서 만들 수 있다. 자주 쓰이는 부사들을 알아두도록 하자.

ex   quickly 빠르게 | angrily 화나게 | thankfully 감사하게 | happily 행복하게

Q

A: I hope you are enjoying your trip!
B: Thanks, it is _____ interesting!

(A) so
(B) best
(C) such
(D) much

🔊 해석

A: 즐거운 여행 보내.
B: 고마워, _____ 재미있어.

(A) 매우, 그래서
(B) 최고의
(C) 그런
(D) 그만큼, 많은

💬 풀이　　정답 (A)

형용사 'interesting(재미있는)'을 수식하며 문맥상 가장 알맞은 부사인 (A)가 정답이다.

 어휘　　ⓥ **hope** 바라다　　ⓥ **enjoy** 즐기다　　adj **interesting** 재미있는

　　　　　　ⓝ **trip** 여행

함께 알아두면 좋을 표현

＊ **I hope you**

'I hope you ~'는 어떤 것을 바랄 때 사용하는 표현으로 'I hope you' 뒤에는 항상 동사가 온다.

ex　I hope you like it.　네가 그것을 좋아하길 바래.

　　I hope you are doing well.　네가 잘 지내고 있길 바래.

Q1

A: I think Jacob is the fastest runner in our school.
B: I agree. He runs very _____.

(A) quick
(B) quickly
(C) quicken
(D) quickness

Q2

A: Have you _____ been to Mexico?
B: No, I haven't been there yet.

(A) still
(B) just
(C) ever
(D) once

함께 알아두면 좋을 표현

＊형용사의 최상급

두 음절 이하인 짧은 단어는 'the + adj-est', 삼 음절 이상인 단어는 'the + most + adj' 형태를 가진다.

ex That is the tallest building in this city. 저것은 이 도시에서 가장 높은 건물이다.
This is the most expensive meal I have eaten. 이건 내가 먹었던 음식들 중에 제일 비싸.

Q3

A: _____, I felt someone broke into my house.
B: So what did you do?

(A) Sudden
(B) Suddenly
(C) Suddenness
(D) All a sudden

Q4

A: How was the exam?
B: It was actually _____ easy.

(A) few
(B) very
(C) least
(D) many

함께 알아두면 좋을 표현

*부사로 시작하는 문장

부사는 형용사, 동사, 부사, 문장을 꾸며줄 수 있기 때문에 무엇을 수식하는지에 따라 위치가 달라진다.

ex Carefully, she closed the book. 주의를 기울이며 그녀는 그 책을 덮었다.

Proudly, she started talking. 자랑스러워하며 그녀는 이야기하기 시작했다.

유형 5
동사의 형태

일반동사와 be 동사

일반동사는 'study(공부하다)'나 'help(돕다)'와 같이 각각 다른 의미를 가지고 있는 대부분의 동사를 말한다. be 동사는 'am, are, is'와 같이 '~이다'라는 의미를 가지고, 함께 쓰이는 주어마다 각각 형태가 다른 be동사를 사용한다.

* 일반 동사와 be 동사는 한 문장 속에서 둘 중 하나만 쓰일 수 있다.

> **ex** She **is play** badminton. (X) ➡ She **plays** badminton. (O)
> I **am feel** cold. (X) ➡ I **feel** cold. (O)

	인칭	인칭대명사 (주어)	be 동사 현재 (부정)	be 동사 과거 (부정)	일반동사 현재 (부정)
단수	1인칭	I	am (am not)	was (wasn't)	do (don't)
	2인칭	you	are (aren't)	were (weren't)	have (don't have)
					V (don't V)
	3인칭	he (=John)	is (isn't)	was (wasn't)	does (doesn't)
		she (=Kathy)			has (doesn't have)
		it (=the chair)			V (doesn't V)
복수	1인칭	we (=John and I)	are (aren't)	were (weren't)	do (don't)
	2인칭	you			have (don't have)
	3인칭	they (=the people)			V (don't V)

주어와 동사의 수일치

❶ 주어가 인칭대명사 'I'일 때

- be동사 (am, was)

  ⓔx **I am(was)** happy.　　부정문　**I am not(was not)** happy.

- 일반동사 현재형 (do, have, exercise…): 동사원형을 그대로 쓴다.

  ⓔx **I study** English every day.　　부정문　**I don't(=do not) study** English every day.

❷ 주어가 3인칭 단수 대명사 'he, she, it'일 때와 단수 명사일 때

- be 동사 (is, was)

  ⓔx **John(He, She, My mom) is(was)** healthy.　　**It is(was)** the bus stop.

- 일반동사 단수형 (does, has, exercise…): 동사원형에 '~s'나 '~es'를 붙여서 쓴다.

  ⓔx **John(He, She, My mom) has** an umbrella.

  *** 의문문 형태로 해당 문법 개념을 묻는 경우가 종종 있으므로 유의해야 한다.

  ⓔx **How much is the bag?**

❸ 주어가 2인칭대명사 'you'일 때, 복수형인칭대명사(we, they), 복수명사일 때

- be 동사 (are, were)

  ⓔx **Children(You, We, They) are** happy.

  　　People(You, We, They) were busy.

- 일반동사 현재형 (do, have, exercise…): 동사원형을 그대로 쓴다.

  ⓔx **The teachers(You, We, They) have** an umbrella.

  *** 의문문 형태로 해당 문법 개념을 묻는 경우가 종종 있으므로 유의해야 한다.

  ⓔx **Are you sure?**　　**Do they mean the same?**

❹ 사람이나 사물이 존재하는 것을 표현할 때 쓰는 'There is~', 'There are~'

- be동사 (be동사 뒤에 나오는 주어와 수 일치)

  ⓔx **There is a jar** on the table.　　의문문　**Is there a jar** on the table?

  　　There are candies in the jar.　　의문문　**Are there candies** in the jar?

조동사

조동사는 보조동사와 같은 의미로, 본동사를 보조하며 다양한 의미를 덧붙여 준다.

조동사 자체로만 혼자 쓰일 수 없고 항상 뒤에 동사원형을 동반한다.

ⓔx **can** speak 말할 수 있다　|　**will** be ~일 것이다　|　**must** wear 입어야 한다

　　shall pass 지나갈 것이다　|　**should** go 가야 한다　|　**have to** read 읽어야 한다

✅ **다양한 예문 접하기!**

동사의 형태를 이론적으로 아는 것도 중요하지만, **실제 문장 속에서 문법이 어떻게 다양하게 적용되고 쓰이는지** 알아야 한다. 특히 조동사는 다양한 예문을 통해 자주 쓰이는 문장 패턴과 해석을 익혀두면 좋다.

✅ **수·시제 파악하기!**

동사는 주어의 수에 따라 모양이 달라지므로 꼼꼼하게 주어를 확인해야 한다. 또한, 대화 속 시제에 따라 동사의 형태도 달라지니, **자주 나오거나 기본적인 동사의 형태 변화를 공부해놓으면** 문제를 쉽게 풀 수 있다.

✅ **빈칸의 앞뒤 확인하기!**

빈칸에 들어갈 말을 고르는 문항을 풀 때에 **빈칸 앞뒤를 모두 읽어보고 풀어야** 문제를 풀 수 있다. 침착하게 앞뒤를 살펴보고 문제를 푸는 습관을 길러보도록 하자.

지금부터 문제들을 살펴볼까요?

Step 1. Example

Q

A: How much are these earrings?
B: _____ 20 dollars.

(A) It is

(B) It are

(C) They is

(D) They are

🎧 **해석**

A: 이 귀걸이 얼마야?
B: _____ 는 20달러야.

(A) 3인칭 단수

(B) 잘못된 표현

(C) 잘못된 표현

(D) 3인칭 복수

 💬 **풀이**　　정답 (D)

질문의 대상이 복수명사 'earrings'이므로 대답에서 이를 대명사로 바꾸어 'they'로 받아야 한다. 3인칭 복수 주격대명사인 'they'에 알맞은 be 동사는 'are'이므로 (D)가 정답이다.

Aa 어휘　　n **earring**　귀걸이

함께 알아두면 좋을 표현

*** It is ~/There are ~**

'It is ~'는 '~이다'라는 표현이지만 대부분 해석하지 않는다. 'There are ~ '는 '~이 있다'로 해석한다.

ex　It is raining outside. 　밖에 비가 오고 있어.

There are twenty students in the classroom. 교실에 학생 20명이 있어.

Q

A: Can you turn off the fan? I'm cold.
B: Oh yeah? Not me. _____.

(A) It's cold.
(B) It's a fan.
(C) I am hot.
(D) I feel cold.

🔊 해석

A: 선풍기 꺼줄 수 있어? 나 추워.
B: 그래? 나는 아냐. _____.

(A) 추워
(B) 이건 선풍기야.
(C) 나는 더워.
(D) 나는 추워.

💬 풀이   정답 (C)

질문에서 상대방에게 추우니 선풍기를 꺼 줄 수 있냐고 물어보며 부탁하지만 질문의 대상은 "Not me."라고 하며 부탁을 거절한다. 본인은 춥지 않다, 즉 덥다고 대답하는 (C)가 정답이다.

Aa 어휘   n **fan** 선풍기   adj **hot** 뜨거운, 더운   phr **turn off** 전원을 끄다
adj **cold** 추운

함께 알아두면 좋을 표현

* **Can you ~?**

'Can you ~?'는 무엇을 상대방에게 부탁할 때 사용하는 표현으로 'Can you' 뒤에는 항상 동사원형이 온다.

ex Can you turn on the lights?   불을 켜줄 수 있니?
Can you wash the dishes?   설거지 해줄 수 있니?

Q

A: Did you get the answer for number 3?
B: No, I _____. It was too hard.

(A) did

(B) can

(C) don't

(D) couldn't

🔊 **해석**

A: 3번 문제 답 구했어?
B: 아니, _____. 너무 어려웠어.

(A) 조동사 do 긍정 과거

(B) 조동사 can 긍정

(C) 조동사 do 부정

(D) 조동사 could 부정

💬 **풀이**　　정답 (D)

일반동사 'get'을 사용한 문장으로, 과거형 의문문을 만들기 위해 조동사 'did'를 사용하였다. 소년은 노력했으나 너무 어려워서 정답을 구하지 못했으므로 (D)가 정답이다.

Aa 어휘　　n **answer** 답　　adj **hard** 어려운

함께 알아두면 좋을 표현

✳ **Did you ~?**

'Did you ~?'는 '~ 했어?'라는 의미로 어떤 행동을 했는지 물어볼 때 사용하는 표현이다.

ex　Did you have breakfast?　아침 먹었어?

　　Did you clean the house?　집 청소 했어?

Q1

A: Are these books yours?
B: Yes, _____ mine.

(A) those are
(B) that is
(C) this is
(D) they have

Q2

A: What's your mother's job?
B: My mom _____ for the central bank.

(A) work
(B) works
(C) is work
(D) is works

토셀쌤의 문제 풀이 Tip!

질문을 자세히 읽으면 대답에 어떤 **동사 형태**를 사용해야 되는지 알 수 있다. 대화를 자세히 읽고 정답을 찾도록 하자.

Q3

A: Why is the internet so slow?
B: Maybe there _____ a lot of people using it now.

(A) is
(B) are
(C) was
(D) were

Q4

A: What does _____ the most?
B: Roller coasters, I think.

(A) he like
(B) he wear
(C) she likes
(D) they like

* **Why is/are ~?**

'Why is/are ~?'는 어떤 것에 대한 이유를 묻는 표현으로 'Why is/are' 뒤에 명사[대명사]인 주어가 온다.

ex Why is he here?   그는 여기 왜 있어?
   Why are they late?   그들은 왜 늦었어?

유형 6
동사의 시제

단순 시제

❶ 현재형

평서문   ex   He **goes** for a walk every afternoon.
그는 매일 오후마다 걷는다.

부정문   ex   He **does not[doesn't]** go for a walk every afternoon.
그는 매일 오후마다 걷지 않는다.

의문문   ex   **Does** he **go** for a walk every afternoon?
그는 매일 오후마다 걷니?

· 단순시제의 현재형 동사를 쓸 경우, 주어가 3인칭 단수(he, she, it, Sam, desk 등)일 때 동사 뒤에 's'나 'es'가 붙는다.

❷ 과거형

평서문   ex   Jeff **bought** a new bicycle last week.
Jeff는 지난주에 새 자전거를 샀다.

부정문   ex   Jeff **did not[didn't]** buy a new bicycle last week.
Jeff는 지난주에 새 자전거를 사지 않았다.

의문문   ex   **Did** Jeff **buy** a new bicycle last week?
Jeff는 지난주에 새 자전거를 샀어?

❸ 미래형

평서문   ex   We **will visit** our grandparents next week.
우리는 다음 주에 우리 조부모님댁에 갈 거야.

부정문   ex   We **will not[won't]** visit our grandparents next week.
우리는 다음 주에 우리 조부모님댁에 가지 않을 거야.

의문문   ex   **Will we visit** our grandparents next week?
우리는 다음 주에 우리 조부모님댁에 갈거야?

진행 시제

❶ 현재진행형

평서문 | ex | **They are doing their homework together.**
그들은 함께 숙제를 하고 있는 중이야..

* 현재진행시제는 미래를 나타내기도 한다.

ex | **What are you doing tonight?** 오늘 밤에 (너는) 뭘 할 거야?

부정문 | ex | **They are not[aren't] doing their homework together.**
그들은 함께 숙제를 하고 있지 않아.

의문문 | ex | **Are they doing their homework together?**
그들은 함께 숙제를 하고 있는 중이야?

❷ 과거진행형

평서문 | ex | **He was jogging at the park.**
그는 공원에서 조깅을 하고 있던 중이었어.

부정문 | ex | **He was not[wasn't] jogging at the park.**
그는 공원에서 조깅을 하고 있던 중이 아니었어.

의문문 | ex | **Was he jogging at the park?**
그는 공원에서 조깅을 하고 있던 중이었어?

❸ 미래진행형

평서문 | ex | **I will be going there.**
나는 거기에 가고 있는 중일거야.

부정문 | ex | **I will not[won't] be going there.**
나는 거기에 가고 있는 중이 아닐거야.

의문문 | ex | **Will I be going there?**
나는 거기에 가고 있는 중일까?

✅ **시제 파악하기!**

동사의 현재형, 과거형, 미래형 형태들을 이해해야 한다. 이야기 속 시제에 따라서 동사의 형태가 달라지니 **이야기 속 시제를 파악하고 알맞은 동사를 선택하도록** 한다.

✅ **시제 확인하기!**

시제의 종류에 따라서 동사가 달라진다. 그러니 단순 시제와 진행 시제의 다양한 종류의 예시들을 미리 파악하고 **이야기속에서 어떠한 시제로 이야기가 이루어지고 있는지** 알아야한다.

✅ **의문문의 시제 확인하기!**

의문문이 나올때는 **어떤 시제의 의문문으로 나오는지** 잘 파악해보자! 의문문의 종류와 이야기의 흐름에 따라서 정답이 달라질 수 있으니 전반적인 흐름을 놓치지말자.

지금부터 문제들을 살펴볼까요?

Step 1. Example

Q

A: What is wrong with Ozan?
B: He only _____ 4 hours last night.

(A) slept
(B) sleep
(C) sleeps
(D) sleeping

 해석

A: Ozan한테 무슨 일 있어?
B: 그는 어젯밤 4시간밖에 못 _____.

(A) 잤다
(B) 자다
(C) 자다
(D) 자는

💬 **풀이**   정답 (A)

지난 밤에 4시간 밖에 못 잤다는 대답에서 과거임을 알 수 있다. 'sleep'의 과거형태인 (A)가 정답이다.

Aa **어휘**   **v** **sleep** 자다   **adj** **last** 지난[마지막의]

함께 알아두면 좋을 표현

＊ What is wrong with ~?

'What is wrong with ~?'는 누구에게 어떤 일이 있는지 물어볼 때 사용하는 표현이다.

ex   What is wrong with **them?** 그들에게 무슨 일이 있어?
     What is wrong with **Caroline?** Caroline에게 무슨 일이 있어?

Basic Reading & Writing 67

Q

A: What are you doing?
B: I _____ preparing for my presentation.

(A) is
(B) am
(C) will be
(D) was

◁)) 해석

A: 너 뭐해?
B: _____ 발표 준비하고 있어.

(A) be동사 3인칭 단수 현재
(B) be동사 1인칭 단수 현재
(C) be동사 미래
(D) be동사 1,3인칭 과거 단수형

💬 풀이   정답 (B)

1인칭 단수 주격 대명사 'I'에 알맞는 현재시제 be 동사인 (B)가 정답이다.

 Aa 어휘   v **prepare** 준비하다   n **presentation** 발표

함께 알아두면 좋을 표현

∗ **be preparing for**

'prepare for ~'는 무엇을 위해 준비할 때 사용하는 표현으로 'prepare for' 뒤에는 항상 명사(구)가 온다.

ex She is preparing for the talent show.   그녀는 탤런트 쇼를 위해 준비하고 있다.
They are preparing for their party.   그들은 파티를 위해 준비하고 있다.

Q

A: Are you going to Jina's birthday party tonight?

B: Yes, Kim and I _____ going together.

(A) is

(B) am

(C) will be

(D) does

🔊 해석

A: 너 오늘 밤 Jina의 생일파티에 가?

B: 응, Kim이랑 나랑 같이 _____.

(A) be동사 3인칭 단수 현재

(B) be동사 1인칭 단수 현재

(C) be동사 미래

(D) do 조동사 3인칭 단수 현재

 풀이   정답 (C)

'tonight(오늘 밤)'은 미래를 나타내므로 조동사 'will'과 동사 원형 'be'를 사용했다. 따라서 (C)가 정답이다.

Aa 어휘   **n**   **birthday party**   생일파티

함께 알아두면 좋을 표현

＊ Are you going to ~?

'Are you going to + 장소 ~?'는 상대방에게 어떤 곳에 갈 것인지 물을 때 사용할 수 있는 표현이다.

ex   Are you going to the library?   너는 도서관에 갈거니?

Are you going to school tomorrow?   너는 내일 학교에 가니?

Q1

A: What did your father say?

B: He _____ me to study harder.

(A) asked

(B) ask

(C) asking

(D) to ask

Q2

A: Tim and his dad _____ the garden every Sunday.

B: Wow, that's beautiful!

(A) tend

(B) tended

(C) will tend

(D) are tending

함께 알아두면 좋을 표현

* ask

'ask'는 '물어보다'라는 뜻을 갖고 있지만, 상황에 따라 '부탁[요구]하다'라는 의미를 가질 수 있다.

ex My mom asked me to set the table. 엄마가 밥상을 차리라고 부탁하셨다.

My brother asked me to pick him up from school. 남동생이 학교로 데려와 달라고 부탁했다.

Q3

A: When did you buy that ring?
B: _____.

(A) Next April
(B) In two days
(C) Two days ago
(D) For many days

Q4

A: Where is the bus at?
B: It already _____ a long time ago.

(A) left
(B) leave
(C) leaves
(D) have left

* **의문사의 종류**

질문의 의도에 따라 다양한 종류의 의문사를 사용할 수 있다. 의문사의 종류를 알아두자.

ex Who 누가 ┃ When 언제 ┃ What 무엇을 ┃ Where 어디에서 ┃ How 어떻게
Why 왜 ┃ Whose 누구의 ┃ Which 어느 것

유형 7
전치사

시간 전치사

ex **I was born in 2005.**
나는 2005년에 태어났다.

ex **The library is closed for one week.**
그 도서관은 1주동안 문을 닫는다.

ex **There's a connecting flight at noon.**
정오에 연결편 비행기가 있어.

시간 앞에 쓰이는 전치사

about[around]	~쯤	**in**	~후에[연도/계절/월 앞]
during	~동안[특정 기간]	**within**	~이내
until	~까지[어느 한 시점까지]	**on**	요일/날짜 앞
before	~전	**at**	~시 정각
after	~후	**by**	~까지[어느 한 시점까지 완료]
from	~부터	**for**	~동안[시간의 길이]
since	~이후로 계속	**to**	~까지

장소/방향 전치사

ex The dog is **under** the table.
개가 탁자 아래에 있다.

ex The bank is **next to** the flower shop.
그 은행은 꽃집 옆에 있다.

위치와 함께 쓰이는 전치사

in	~안에, ~에	**over**	~위에, ~위로	**next to**	~옆에
on	~표면 위에	**among**	셋 이상 사이에	**between**	~와 … 사이에
at	~에	**near**	~가까이에	**in front of**	~앞에
by	~옆/가에	**from**	~로 부터	**behind**	~뒤에
to	~까지/로	**toward**	~쪽으로		

기타 전치사

❶ 함께 하는 것을 나타낼 때 with, without

ex The square was crowded **with** people.
광장이 사람들로 붐볐다.

❷ 주제를 나타낼 때 about, on

ex Let's talk **about** colors.
색에 대해 이야기 해보자.

❸ 비슷한 것을 예로 들 때 like, unlike

ex He's just **like** his father.
그는 그의 아버지와 비슷하다.

✅ **대상과의 관계 파악하기!**
위치와 시간으로 대상과의 관계를 파악할 수 있으니 전치사를 주의 깊게 보며 어떠한 관계인지 파악해보자.

✅ **전치사 표현들과 익숙해지기!**
문법적으로 특정 전치사를 사용해야 흐름이 자연스러운 표현들이 있다. 알맞은 전치사를 사용하도록 **다양한 전치사 표현**들을 미리 알고 있자.

✅ **이야기의 흐름 파악하기!**
전치사는 대상들간의 시간과 장소의 관계를 표현하고자 쓰이는 품사이다. 올바른 전치사를 사용하기 위해 이야기속 대명사와 명사를 빠르게 파악하고 이들이 **어떠한 관계로 (시간, 장소, 등) 묶여져야 하는지** 이야기의 흐름을 잘 따라가며 파악해보자.

지금부터 문제들을 살펴볼까요?

✏️ Step 1. Example

Q

A: When is your birthday?
B: It's _____ November 6th.

(A) in
(B) at
(C) to
(D) on

🎧 해석

A: 네 생일 언제야?
B: 11월 6일이야.

(A) ~ 후/이내, 연도/계절/월 앞
(B) ~시 정각
(C) ~까지
(D) 요일/날짜 앞

💬 풀이   정답 (D)

정확한 날짜 '11월 6일' 앞에는 'on'을 사용하므로 (D)가 정답이다.

Aa 어휘   n **birthday** 생일   n **November** 11월

함께 알아두면 좋을 표현

＊ 날짜와 함께 쓰는 전치사

정확한 날짜 앞에는 전치사 'on'을 사용한다.

ex His birthday is on March 14th. 그의 생일은 3월 14일이다.
My mom's birthday is on July 6th. 우리 엄마 생일은 7월 6일이다.

Q

A: We must not walk _____ the grass.
It's forbidden.
B: Thanks for reminding me.

(A) on

(B) next

(C) under

(D) between

🔊 **해석**

A: 우리 풀 _____ 걸으면 안 돼. 금지된거야.
B: 알려줘서 고마워.

(A) ~위에

(B) ~옆에

(C) ~아래에

(D) ~사이에

💬 **풀이**　　　**정답 (A)**

풀 '위'에서 걸으면 안된다는 표현을 하기 위해 '~위에'라는 위치를 나타내는 전치사 'on'이 필요하다. 따라서 (A)가 정답이다.

Aa **어휘**　　v **walk** 걷다　　v **remind** 상기시키다　　adj **forbidden** 금지된

n **grass** 풀

함께 알아두면 좋을 표현

＊ **We must ~**

'We must (not) ~'는 어떤 것을 해야 할 때 혹은 하면 안 될 때 사용할 수 있는 표현으로 조동사 'must' 뒤에는 항상 동사원형이 온다.

ex We must return these books today.　우리는 오늘 이 책들을 반납해야 해.

Q

A: When do you finish basketball practice?
B: I usually finish it _____ 4:30.

(A) beside
(B) behind
(C) around
(D) through

🔊 **해석**

A: 너 농구 연습 언제 끝나?
B: 보통 4시 30분_____ 끝나.

(A) ~옆에
(B) ~뒤에
(C) ~즈음에
(D) ~를 통해서

💬 **풀이**　　정답 (C)

4시 30분 언저리에 끝난다는 표현으로 '약 ~즈음'이라는 뜻을 가진 전치사 'around'가 필요하다. 따라서 (C)가 정답이다.

Aa 어휘　　 v **finish** 끝나다　　 n **basketball** 농구　　 n **practice** 연습
adv **usually** 보통

함께 알아두면 좋을 표현

＊ **around**

'around'는 '주위에' 혹은 '즈음에'이라는 뜻을 가지고 있으며 대략적인 상황을 나타낼 때 사용한다.

ex The bakery is just around the corner.　빵집은 코너 돌면 바로 있어.
The movie will finish at around 5 PM.　영화는 오후 5시 쯤에 끝날거야.

Q1

A: What do you do _____ the morning?

B: I take my dog for a walk.

(A) at

(B) on

(C) in

(D) under

Q2

A: Let's meet _____ the front door.

B: What time are we meeting?

(A) in

(B) at

(C) over

(D) above

함께 알아두면 좋을 표현

* **Take a dog for a walk**

'Take a dog for a walk'는 강아지를 산책 시킨다는 뜻을 가진 표현이다.

ex Can you take my dog for a walk? 내 강아지 산책 좀 시켜줄 수 있어?

He is taking his dog for a walk right now. 그는 지금 강아지를 산책 시키고 있어.

Q3

A: Come join the baseball team.
B: Sorry, I'm not very good _____ sports.

(A) at
(B) by
(C) to
(D) of

Q4

A: What are you watching on TV?
B: It's _____ animals.

(A) by
(B) from
(C) about
(D) around

함께 알아두면 좋을 표현

* 전치사를 사용하는 숙어

'be good at'과 같이 특정한 전치사만을 사용하는 표현들이 있다. 관용적인 표현이니 익혀두자.

ex at any rate 어쨌든 | beside the point 관련없는 | for sure 확실히
in no time 바로 | on hand 구할 수 있는 | under control 통제되는

유형 8
의문문

일반 의문문

❶ 조동사/be 동사 의문문

조동사나 be 동사로 이루어진 의문문으로 보통 Yes나 No로 상대방의 확인을 구할 때 쓰인다.
의문문을 만드는 방법은 주어와 동사의 자리를 바꾸기만 하면 된다.

be 동사 평서문　(ex)　**They are** swimming.　　그들은 수영을 하고 있어.

be 동사 의문문　(ex)　**Are they** swimming?　　그들은 수영을 하고 있니?

➡ Yes, they are. / No, they aren't.

조동사 평서문　(ex)　**He can** swim.　　그는 수영을 할 수 있어.

조동사 의문문　(ex)　**Can he** swim?　　그는 수영을 할 수 있니?

➡ Yes, he can. / No. he can't.

❷ 일반동사 의문문

일반 동사로 의문문을 만드는 방법은 주어의 수와 동사의 시제에 알맞는 조동사 형태 Do/Did/
Does를 선택하고 그 뒤에 오는 본동사는 동사원형을 쓰는 것이다. 위의 '조동사, be 동사 의문문'과
다르게 주어와 동사의 자리 이동은 없다.

평서문　(ex)　They **have** a pet.　　그들은 반려동물을 키워.

의문문　(ex)　**Do** they **have** a pet?　　그들은 반려동물을 키우니?

➡ Yes, They do. / No, They don't.

평서문　(ex)　She **exercises** everyday.　　그녀는 매일 운동을 해.

의문문　(ex)　**Does** she **exercise** everyday?　　그녀는 매일 운동을 하니?

➡ Yes, she does. / No. she doesn't.

의문사 의문문

What, Which, Who, When, Where, How, Why 등의 의문사를 붙여 누가, 언제, 어디서, 무엇을, 어떤 것을, 왜, 어떻게/얼마나에 대한 질문을 하는 의문문이다. Part A에서 가장 자주 등장하는 의문문 유형으로 의문사의 뜻과 쓰임을 자세히 알아두도록 하자.

❶ What 무엇

ex **What** kind of movie do you like?
어떤 종류의 영화를 좋아하니?

❷ Which 주어진 것 중의 어떤 것

ex **Which** is yours among these?
이것들 중에 어떤 게 네 거니?

❸ Who 누구 / Whose 누구의

ex **Who** is your teacher?
누가 너의 선생님이셔?

❹ When 언제

ex **When** is your birthday?
네 생일은 언제니?

❺ Where 어디서

ex **Where** is the post office?
우체국이 어디야?

❻ How 어떻게, 얼마나

ex **How far** is the subway station?
지하철 역이 얼마나 머니?

❼ Why 왜

ex **Why** is the sky blue?
하늘은 왜 푸를까?

✅ **의문문의 차이 알아두기!**

be 동사/조동사를 사용한 문장은 주어와 동사의 자리를 바꾸어 의문문을
만든다. 반면에 **일반동사를 사용한 문장**은 Do/Did/Does 중 알맞은
형태를 맨 앞에 추가하여 의문문을 만든다. 두 차이점을 알아두자.

✅ **의문사의 종류 외우기!**

의문사는 종류와 역할에 따라서 대명사, 형용사, 부사 등 다양한 품사로
사용할 수 있고 그마다 뜻도 다르다. **자주 사용되는 의문사 종류들은 미리
외워두자.**

✅ **대화 속 흐름 파악하기!**

이야기의 흐름에 따라서 어떠한 의문사가 사용되어야 하는지 알아두어야
한다. **시간, 장소, 행동 등을 물어보는 질문의 내용에 따라** 의문사가
달라진다.

지금부터 문제들을 살펴볼까요?

✏️ Step 1. Example

Q

A: Shall we go skiing this weekend?
B: _____ you ski?

(A) Are
(B) Did
(C) Can
(D) Does

🎧 **해석**

A: 우리 이번 주말에 스키타러 갈까?
B: 너 스키 _____?

(A) be 동사
(B) 조동사 do 과거
(C) 조동사 can
(D) 조동사 do 현재

💬 **풀이**　　정답 (C)

스키를 탈 줄 아는지, 즉 '능력/가능'에 대해서 물어보고 있으므로 조동사 'can'이 필요하다. 따라서 (C)가 정답이다.

Aa 어휘　　v **ski** 스키타다　　n **ski** 스키　　n **weekend** 주말

함께 알아두면 좋을 표현

❋ **Shall we ~?**

'Shall we ~?'는 어떤 것을 제안할 때 사용하는 표현으로 'Shall we' 뒤에는 항상 동사원형이 온다.

ex　Shall we eat out today?　오늘 밖에서 먹을까?

Shall we order Chinese food?　우리 중식 주문할까?

Q

A: Tell me _____ you are going.
B: To the supermarket.

(A) who
(B) when
(C) where
(D) which

◁)) 해석

A: 너 _____ 가는지 말해줘.
B: 슈퍼마켓에 가.

(A) 의문사 누구
(B) 의문사 언제
(C) 의문사 어디
(D) 의문사 어떤 것을

💬 풀이　　　정답 (C)

장소 'to the supermarket'을 말하는 것으로 보아 '어디에' 가는지 장소를 물어본 것임을 유추할 수 있다. 따라서 장소를 표현하는 의문사인 (C)가 정답이다.

Aa 어휘　　v **tell** 말하다　　n **supermarket** 슈퍼마켓

함께 알아두면 좋을 표현

＊ Tell me

'Tell me ~'는 명령법으로 상대방에게 어떤 것을 알려달라고 할 때 사용할 수 있다.

ex　Tell me your name.　너의 이름을 말해줘.

　　Tell me when you are free.　너가 언제 시간이 가능한지 알려줘.

Q

A: _____ you tell me the time?
B: Sure, it's twelve o'clock.

(A) Can
(B) Must
(C) What
(D) When

◁)) 해석

A: 시간 좀 알려줄래?
B: 당연하지, 12시야.

(A) 조동사 can
(B) 조동사 must
(C) 의문사 무엇
(D) 의문사 언제

⊟ 풀이　　정답 (A)

시간을 알려달라는 요청이므로, 요청시 사용할 수 있는 적절한 조동사인 'can'이 필요하다. 따라서 (A)가 정답이다.

Aa 어휘　　n　**time**　시간

함께 알아두면 좋을 표현

＊ 시간과 함께 사용하는 'It's'

시간을 언급할 때 항상 'It's'라는 표현을 사용해야 한다.

ex　It's half past two.　지금 2시 반이야.
　　It's three in the afternoon.　지금 오후 3시야.

Q1

A: _____ is the name of your dog?
B: It's Matilda.

(A) Who
(B) What
(C) When
(D) Where

Q2

A: Do you have something to eat?
B: Yes, _____.

(A) I do
(B) I don't
(C) I can
(D) I can't

토셀쌤의 문제 풀이 Tip!

질문에 있는 동사와 대답에 있는 동사의 형태는 항상 일치해야 한다.
질문에 조동사 'do'를 사용했다면, 대답에도 반드시 조동사 'do'가 온다.

Q3

A: _____ will your piano lessons start again?
B: Lessons begin at the beginning of next month.

(A) How
(B) Why
(C) When
(D) What

Q4

A: _____ is your notebook?
B: Mine is the purple one.

(A) What time
(B) What color
(C) How many
(D) How much

함께 알아두면 좋을 표현

* **the beginning/middle/end of month**

‘beginning/middle/end’를 ‘month’와 함께 사용할 경우, ‘월 초, 월 중순, 월 말’로 해석할 수 있다. 정확한 시점을 나타낼 때는 ‘at’, 기간을 나타낼 때는 ‘in’이라는 전치사가 온다는 것을 기억하자.

ex Practice starts at the beginning of this month. 연습은 이번 달 초에 시작해.

유형 9
접속사

등위접속사

문장의 단어와 단어, 구와 구, 절과 절을 대등하게 연결하는 접속사를 '등위접속사'라고 한다.

❶ 나열 and

> ex Emma is kind **and** smart.
> Emma는 착하고 똑똑하다.

❷ 선택 or

> ex Do you like strawberries **or** kiwis?
> 딸기가 좋니 아니면 키위가 좋니?

❸ 결과 so

> ex I woke up late **so** I missed the bus.
> 나는 늦게 일어나서 버스를 놓쳤다.

❹ 대조 but, yet

> ex It was so hard **but** we finished the race.
> 너무 어려웠지만 우리는 경주를 마쳤다.
>
> The weather was cold **yet** sunny.
> 날씨는 추웠지만 화창했다.

부사절 접속사

부사절은 <접속사+주어+동사>의 형태로 문장 내에서 부사 역할을 하는 절이다.
다음 세 가지 상황을 표현할 때 사용하는 접속사가 있다.

❶ 시간 when, while, before, after, as, until 등

ex She made songs __when__ she was very young.   그녀는 아주 어렸을 때 노래를 만들었다.

I broke the vase __while__ I was dusting.   나는 먼지를 털고 있던 중에 꽃병을 깨뜨렸다.

Brush your teeth __before__ you go to bed!   이부자리에 들기 전에 양치하자!

❷ 이유 because, since

ex I couldn't study __because__ it was too noisy.   너무 시끄러워서 공부를 못 했다.

❷ 조건 if, unless, in case

ex You can come __if__ you want.   네가 원하면 와도 된다.

The peach will spoil __unless__ it is eaten soon.   그 복숭아는 빨리 먹지 않으면 상할 것이다.

✅ **접속사 종류 알아두기!**

등위접속사는 대등한 역할을 하는 절과 절을 이어주고, 부사절 접속사는 대등하지 않은 종속절을 주절에 연결시켜주는 역할을 한다. **각각 사용하는 접속사들이 다르니** 어떠한 종류인지 먼저 파악해보자.

✅ **절의 역할 제대로 파악하기!**

문장 내에서 맡은 역할에 따라 사용하는 접속사 또한 다르다. 인과 관계를 나타내는 절과 문장 내에서 명사나 부사 역할을 하는 절은 다른 접속사를 사용한다. **문장 내에서 어떤 역할이 필요한지 생각**한 후 다양한 접속사를 떠올려보자.

✅ **상관접속사도 기억하기!**

두 개의 접속사가 하나의 짝을 이루어 함께 사용되는 접속사이다. 주로 문장내에서 품사를 일치시키는 역할로 사용된다. **다양한 예문들을 접하며 한 문장 속 두 가지 접속사를 어떻게 사용하는지** 익혀두면 좋다.

지금부터 문제들을 살펴볼까요?

Step 1. Example

Q

A: Eat some pie. It is delicious.
B: Thank you, _____ I'm so full.

(A) or
(B) so
(C) but
(D) and

🎧 **해석**

A: 파이 좀 먹어. 맛있어.
B: 고마워. _____ 나는 배불러.

(A) 또는
(B) 그래서
(C) 그러나
(D) 그리고

💬 **풀이**   정답 (C)

문장에서 절과 절을 대등하게 이어주는 등위접속사 중에서 문맥상 알맞은 접속사를 고르는 고르는 문제이다.
감사하지만 배가 불러 더 이상 먹지 못한다는 설명이 가장 적절하므로 접속사 'but'인 (C)가 정답이다.

Aa 어휘   n **pie** 파이   adj **delicious** 맛있는   adj **full** 배부른

함께 알아두면 좋을 표현

* 'hungry' vs. 'full'

"I'm hungry."는 "배고프다.", "I'm full."은 "배부르다."라는 의미를 갖고 있다. 평소에 hungry와 full과 같은 반대어를 알아두도록 하자.

Q

A: I'm not going home _____ you talk to me.
B: Oh, I don't know anything about that.

(A) so

(B) and

(C) until

(D) when

◁)) **해석**

A: 네가 이야기 _____ 나 집에 안가.
B: 오, 난 그것에 대해 아무것도 몰라.

(A) 그래서

(B) 그리고

(C) ~할 때까지

(D) ~할 때

💬 **풀이**　　정답 (C)

문맥상 "네가 이야기 할 때까지 나 집에 안가."라고 해석하는 것이 가장 적절하다. '~할 때까지'라는 의미의 시간을 나타내는 부사절 접속사 'until'인 (C)가 정답이다.

Aₐ **어휘**　　phr **go home** 집에 가다　 **talk** 이야기하다　 **know** 알다

함께 알아두면 좋을 표현

* **I don't know**

'I don't know ~'는 어떤 것에 대해 모를 때 사용할 수 있는 표현이다.

ex　I don't know its name. 　나는 그것의 이름을 몰라.

　　I don't know their address. 　나는 그들의 주소를 몰라.

Q

A: What did you do last night?
B: We baked cookies _____ watched a movie.

(A) so
(B) but
(C) and
(D) because

🔊 **해석**

A: 너 어제밤에 뭐했어?
B: 우리는 쿠키를 구웠어 _____
 영화를 보았어.

(A) 그래서
(B) 그러나
(C) 그리고
(D) 왜냐하면

💬 **풀이**　　　정답 (C)

문장에서 절과 절을 대등하게 이어주는 등위접속사 중에서 문맥상 '쿠기를 구웠고 영화를 보았다'고 설명하는 것이 가장 적절하므로 '그리고'의 뜻을 가진 등위접속사 'and'인 (C)가 정답이다.

Aa 어휘　　phr **bake cookie** 쿠키를 굽다　　phr **watch a movie** 영화를 보다
　　n **night** 밤

함께 알아두면 좋을 표현

＊ 'cook' vs. 'bake'

'cook'는 요리하다, 'bake'는 빵이나 케이크등을 굽다라는 의미를 가지고 있다. 혼동 할 수 있는 단어들이니 주의하여 사용하자.

ex I baked a cake for my mom's birthday.　　나는 엄마의 생일을 위해 케이크를 구웠다.

Q1

A: I didn't understand this idiom at all.
B: _____ you want, I can help you out.

(A) If
(B) For
(C) But
(D) Unless

Q2

A: Do you like vanilla _____ chocolate ice cream better?
B: I like both.

(A) or
(B) and
(C) but
(D) yet

토셀쌤의 문제 풀이 Tip!

접속사의 종류를 알아두는 것이 중요하다. **다양한 종류의 접속사를** 공부하고 어느 상황에서 어떤 접속사를 사용하는지 익혀두면 알맞은 정답을 찾을 수 있다.

Q3

A: He's good at French, isn't he?
B: Yeah, he lived in France for five years, _____ he can speak French.

(A) or
(B) so
(C) but
(D) for

Q4

A: Do you play with dolls?
B: I used to _____ I was a little kid.

(A) when
(B) while
(C) since
(D) because

함께 알아두면 좋을 표현

* **Do you like A or B?**

'Do you like A or B?'는 둘 중에 어떤 것이 더 좋은지 물어볼 때 사용하는 표현이다.

ex   Do you like playing soccer or baseball?   너는 축구하는 것을 좋아하니 야구하는 것을 좋아하니?

Part B Situational Writing

유형	세부 내용	문항 수
그림에 알맞은 단어 찾기	1. 명사	각 유형이 골고루 출제됨
	2. 동사	
	3. 전치사	
	4. 시간/날짜	
	5. 부사/형용사	
총 5개 유형		총 5문항

DIRECTION

1. 6-10번까지 총 5문항으로 구성됩니다.

2. 각 문제에서는 그림 하나와 그 그림을 묘사하는 빈칸이 있는 문장이 보입니다. 주어진 4개의 보기 중 그림과 문장의 내용이 잘 연결되도록 알맞은 단어나 표현을 고르는 문제입니다.

3. 하나의 어휘나 혹은 두 개 이상으로 이루어진 어휘가 출제되고, 어휘의 의미를 물어보므로 다양한 어휘와 표현을 익혀두도록 합시다.

4. 사람/동물의 동작이나 상태, 사물의 이름, 알맞은 전치사를 고르는 문제가 자주 출제되고, 날짜나 시간 또는 간단한 숫자를 계산하는 문제도 출제되기도 합니다.

Part **B** 는 이렇게 준비하자!

❶ 실생활에서 쓰이는 단어와 표현 익히기

TOSEL Part B는 영어 모국어 화자들이 실생활에서 자주 쓰는 기본적이고 대표적인 어휘나 표현만을 다루고 있다. 주로 사람/동물의 동작이나 모습, 사물의 이름, 장소 전치사 등을 고르는 문제가 자주 출제된다.

Example

Q **The man is _____ in the pool.**

(A) skiing
(B) watering
(C) rowing
(D) swimming

❷ 장소 전치사 익히기

그림 속에서 묘사될 수 있는 장소 전치사가 문제로 출제된다.

Example

Q **The desktop computer is placed _____ the desk.**

(A) in
(B) on
(C) along
(D) between

VOCA

n	**shoulder**	어깨	adv	**late**	늦게
n	**stomachache**	위통, 복통	adv	**already**	이미, 벌써
n	**field**	들판	n	**past**	지난
prep	**beside**	옆에	n	**grocery**	식료품
n	**sore**	아픈, 따가운	adj	**neat**	정돈된
n	**hot air balloon**	열기구	v	**host**	개최하다
prep	**opposite**	건너편[맞은편]에	n	**mole**	두더지
v	**comb**	빗질하다	adj	**dull**	뭉툭한

유형 1
명사

그림 속의 사물이나 동물의 이름, 또는 주어진 상황을 잘 묘사한 명사인 단어를 골라 주어진 문장의 빈칸에 넣는 문제이다.

다양한 종류의 명칭이 출제되므로 실생활에서 마주치는 사물/동물의 이름, 장소/직업의 명칭, 상황 등을 영어로 알아두어야 한다.

• 꼭 알아야 할 명사

☐	teacher	선생님	☐	tree	나무
☐	children	아이들	☐	bush	수풀
☐	parents	부모	☐	grass	잔디
☐	brothers	형제	☐	river	강
☐	sisters	자매	☐	mountain	산
☐	arm	팔	☐	field	들판
☐	lap	무릎	☐	flower bed	화단
☐	leg	다리	☐	garden	정원

✏️ Step 1. Example

Q

The teacher and the children are sitting on the _____.

(A) tree
(B) bush
(C) grass
(D) bench

🔊 **해석**

선생님과 아이들은 _____ 위에 앉아 있다.

(A) 나무   (B) 수풀   (C) 잔디   (D) 벤치

💬 **풀이**   정답 (C)

선생님과 아이들이 잔디에 앉아있으므로 (C)가 정답이다.

Aa 어휘

| n | grass 잔디 | n | children 아이들 | n | tree 나무 |
| n | bush 수풀 | n | teacher 선생님 | n | bench 벤치 |

함께 알아두면 좋을 표현

＊ sit on

'sit on ~'은 '~에 앉아있다'는 뜻으로, 'sit on' 뒤에는 사물이나 대상을 나타내는 명사가 온다.

ex He is sitting on a chair.   그는 의자에 앉아 있다.
    We sit on the sofa.   우리는 소파에 앉는다.

Q

The jeans are _____.

(A) size 6
(B) size 8
(C) size 10
(D) size 12

🔊 해석   청바지는 _____ 이다.

(A) 사이즈 6   (B) 사이즈 8   (C) 사이즈 10   (D) 사이즈 12

💬 풀이   정답 (B)

청바지에 붙어있는 사이즈 표에 숫자 8이 쓰여져 있으므로 (B)가 정답이다.

Aa 어휘   n   **jeans** 청바지

함께 알아두면 좋을 표현

* ~ is/are ~

be 동사를 사용한 '~ is/are ~'는 '~는 ~이다'라는 뜻으로 사물을 설명할 때 사용할 수 있다. 색, 모양, 사이즈 등을 나타낼 수 있다.

ex **My dress** is **yellow.** 내 원피스는 노란색이야.   **The clock** is **round.** 시계는 둥근 모양이야.

Q

The boy has a _____.

(A) high fever
(B) toothache
(C) sore throat
(D) stomachache

🔊 **해석**   소년은 _____ (이)가 있다.

(A) 고열   (B) 치통   (C) 목감기   (D) 복통

💬 **풀이**   **정답 (D)**

소년은 배를 잡고 아파하고 있으므로 복통인 (D)가 정답이다.

Aa 어휘   n **high fever** 고열   n **sore throat** 목감기   n **stomachache** 복통

n **toothache** 치통

함께 알아두면 좋을 표현

＊ **아픈 부위를 나타낼 때**

'has/have' 동사는 아픈 부위를 나타낼 때 증상을 갖고 있다는 뜻으로 사용할 수 있다.

ex She has a headache.   그녀는 두통이 있다.
I have a stuffy nose.   나는 코가 막혔어.

Q1

The little girl is sitting on her father's _____.

(A) legs

(B) laps

(C) arms

(D) shoulders

Q2

Sarah and Kelly are _____.

(A) twins

(B) sisters

(C) parents

(D) brothers

토셀쌤의 문제 풀이 Tip!

그림이 함께 제시되는 유형의 문제인 경우, 그림을 자세히 보면 답을 알 수 있다. 질문을 한번 읽은 후 **그림을 보고 답을 찾는 연습**을 하는 것이 중요하다.

Q3

The boy is skiing _____.

(A) on a road
(B) on a river
(C) on a field
(D) on a mountain

Q4

The cat is _____.

(A) in a flower bed
(B) under a large tree
(C) next to some swings
(D) beside a vegetable garden

함께 알아두면 좋을 표현

✻ 다양한 전치사 알아두기

전치사를 다양하게 활용하는 것이 중요하다. 장소를 나타낼 때 전치사를 사용하므로 관련 표현들을 익히도록 하자.

ex **in** 안에 | **under** 아래에 | **next to/beside** ~옆에 | **above** 위에 | **between** 사이에

유형 2
동사

그림 속의 인물이나 동물의 동작 또는 모습을 가장 잘 묘사한 단어나 표현을 고르는 문제이다.

기본적인 동사뿐만 아니라, 'take a picture(사진을 찍다)', 'walk one's dog(개 산책을 시키다)' 등 두 단어 이상으로 이루어진 동사도 등장하니 실생활과 밀접한 내용의 동사를 반드시 알아두자.

• 꼭 알아야 할 동작 동사

☐	sit	앉다	☐	step on	~에 오르다
☐	rest	쉬다	☐	put down	내려 놓다
☐	run	뛰다	☐	take a shower	샤워를 하다
☐	stand	서다	☐	brush teeth	양치를 하다
☐	write	쓰다	☐	wash dishes	설거지하다
☐	draw	그리다	☐	shake hands	악수를 하다
☐	sleep	자다	☐	throw away	버리다
☐	erase	지우다	☐	lean on	기대다

Q

Oralia loves to go _____.

(A) skiing
(B) hiking
(C) sailing
(D) canoeing

🔊 **해석**

Oralia는 _____ 을(를) 좋아한다.

(A) 스키 타기   (B) 등산하기   (C) 보트 타기   (D) 카누 타기

💬 **풀이**   정답 (B)

그림 속 여자는 등산하고 있으므로 (B)가 정답이다.

| Aa 어휘 | n **skiing** 스키 타기 | n **hiking** 등산[하이킹] |
| | n **canoeing** 카누 타기 | n **sailing** 보트 타기 |

함께 알아두면 좋을 표현

* love

'love'는 무엇을 정말 좋아할 때 사용할 수 있는 표현으로 'love' 뒤에는 명사(구) 혹은 to 부정사가 온다.

ex Sam loves his new bike.   Sam은 그의 새로운 자전거를 정말 좋아한다.
I love to dance.   나는 춤추는 것을 정말 좋아한다.

Q

The fox is _____.

(A) chasing a mouse
(B) hiding in the grass
(C) jumping over a log
(D) drinking from a river

해석

여우가 _____.

(A) 쥐를 쫓다   (B) 잔디에 숨다   (C) 통나무 위를 뛰어 넘다   (D) 강에서 물을 마시다

풀이   정답 (D)

여우가 강에서 물을 마시고 있으므로 (D)가 정답이다.

Aa 어휘   phr **jump over** 뛰어넘다   n **log** 통나무   v **chase** 뒤쫓다

n **mouse** 쥐   n **river** 강

함께 알아두면 좋을 표현

* be drinking from

'drinking from ~'은 '~에서 무엇을 마시다' 라는 의미를 가지고 있다. 'drinking from' 뒤에는 항상 명사가 온다.

ex She is drinking from a cup.   그녀는 컵에서 물을 마시고 있다.

Q

A worker is _____ a wall.

(A) sticking
(B) coloring
(C) building
(D) painting

🔊 해석

일꾼은 벽을 _____ 있다.

(A) 붙이고   (B) 색을 칠하고   (C) 짓고   (D) 페인트를 칠하고

💬 풀이   정답 (C)

일꾼이 벽돌을 쌓으며 벽을 짓고 있으므로 정답은 (C)이다.

Aa 어휘

v **painting** 페인트 칠하다	v **color** 색칠하다	n **worker** 노동자
v **stick** 붙이다	n **wall** 벽	

함께 알아두면 좋을 표현

✳ **be building**

'build ~'은 '~을 짓다'라는 의미를 가지고 있다. 'build' 뒤에는 짓고 있는 대상을 언급할 수 있다.

ex He is building a house.   그는 집을 짓고 있다.

Q1

The woman is _____.

(A) opening a can
(B) washing a dish
(C) eating some soup
(D) drinking some water

Q2

The man is _____.

(A) going for a walk
(B) skating on the ice
(C) playing in the snow
(D) clearing the sidewalk

토셀쌤의 문제 풀이 Tip!

그림에 나와 있는 행동을 자세히 확인하는 것이 중요하다. 그림 속 **인물이 무엇을 하고 있는지 파악**하고 가장 가까운 정답을 선택하는 연습이 필요하다.

Q3

The woman is using a brush _____.

(A) to wash a pot
(B) to comb her hair
(C) to put on makeup
(D) to clean the stove

Q4

A girl is helping an old woman _____.

(A) get in a car
(B) walk up stairs
(C) carry her cane
(D) cross the street

함께 알아두면 좋을 표현

✳ be using

'use ~'는 '~을 사용하다'라는 뜻을 가지고 있다. 도구를 사용할 때 쓸 수 있는 표현이다.

ex She is using a knife to cut the onion.　그녀는 양파를 자르기 위해 칼을 사용한다.
They are using a cup to water the plants.　그들은 식물에 물을 주기 위해 컵을 사용한다.

유형 3
전치사

그림 속에 나오는 장소나 방향을 표현하는 가장 적절한 전치사를 고르는 문제이다.

기본적인 장소 전치사(in, on, at)뿐만 아니라 두 개 이상의 단어로 이루어진 전치사도 등장하니 다음의 전치사들은 알아두어야 한다.

• 꼭 알아야 할 장소 전치사

☐ in	~안에	☐ outside	~의 밖에
☐ at	~(장소)에	☐ on top of	~의 꼭대기에
☐ beside	~옆에	☐ in front of	~앞에
☐ under	~아래에	☐ on the back of	~뒷면에
☐ between	~사이에	☐ over	~위에(위로)
☐ opposite	~다른 편에	☐ above	~보다 위에
☐ across	~을 건너서	☐ on	~(표면) 위에
☐ inside	~의 안에	☐ away from	~와 떨어져서

Step 1. Example

Q

He is hanging a picture _____ the wall.

(A) on
(B) by
(C) near
(D) inside

🔊 **해석**

그는 벽 _____ 그림을 걸고 있다.

(A) ~위에   (B) ~옆에   (C) ~근처에   (D) ~안에

💬 **풀이**   정답 (A)

그림 속 남자는 그림을 벽면에 걸고 있다. '(표면)~에'라는 위치를 나타내는 전치사 'on'이 쓰인 (A)가 정답이다.

Aa **어휘**   ⓥ **hang** 걸다   ⓝ **wall** 벽

함께 알아두면 좋을 표현

＊ **hang ~ on ~**

'hang ~ on ~'는 '~에 ~를 걸다' 라는 의미를 가지고 있다.

ex I hung the ornaments on the tree.   나는 나무에 장식품을 걸었다.
　　She is hanging her hat on the rack.   그녀는 모자를 선반에 걸고 있다.

Q

They are resting _____ a tent.

(A) near
(B) over
(C) inside
(D) outside

🔊 해석

그들은 텐트 _____ 쉬고 있다.

(A) ~근처에서   (B) ~위에서   (C) ~안에서   (D) ~밖에서

💬 풀이   정답 (C)

그림 속 소년들은 현재 텐트 안에 있다. '~의 안(속)에'라는 위치를 나타내는 전치사 'inside'가 쓰인 (C)가 정답이다.

Aa 어휘   v **rest** 쉬다   n **tent** 텐트

함께 알아두면 좋을 표현

* **be resting**

'rest ~'는 '~에서 쉬다'를 의미하며 휴식을 취하는 장소를 덧붙여 말할 수 있다.

ex She is resting **in her car.**   그녀는 차에서 쉬고 있다.
　　We are resting **at home.**   우리는 집에서 쉬고 있다.

Q

The hot air balloons are flying _____ the city.

(A) under
(B) above
(C) behind
(D) opposite

◁》 해석

열기구가 도시 _____ 날고 있다.

(A) ~아래에　(B) ~위에　(C) ~뒤에　(D) ~다른 편에

풀이　정답 (B)

그림 속 열기구들은 도시 위에 떠다니고 있으므로 '~보다 위에'라는 위치를 나타내는 전치사 'above'가 쓰인 (B)가 정답이다.

| Aa 어휘 | n **hot air balloon** 열기구 | v **fly** 날다 | n **city** 도시 |

함께 알아두면 좋을 표현

＊ be flying above

'fly above ~'는 '~ 위에 날고 있다'라는 의미를 가지고 있다.

ex　The airplane is flying above the mountain.　비행기는 산 위를 날고 있다.
　　The drone is flying above his head.　그 드론은 그의 머리 위를 날고 있다.

Q1

The man's cellphone is _____.

(A) on the sofa
(B) under the sofa
(C) under the table
(D) on the TV stand

Q2

A clock is _____.

(A) on a cup
(B) behind a cup
(C) between cups
(D) in front of cups

토셀쌤의 문제 풀이 Tip!

그림을 보면 질문에 나오는 사람 혹은 사물이 어디에 위치해 있는지 알 수 있다. 그림을 자세히 보고 **사람 혹은 사물의 위치 관계**를 헷갈리지 않도록 주의하자.

Q3

A girl is standing _____ of the house.

(A) inside
(B) on top
(C) in front
(D) on the back

Q4

They are sitting _____ each other at the table.

(A) on top of
(B) across from
(C) on the side of
(D) in the middle of

함께 알아두면 좋을 표현

* **across from**

'across from'은 상대방을 마주보고 있을 때 사용할 수 있는 표현이다.

ex He is sitting across from me on the table.   그는 식탁에서 나를 마주 보고 앉아 있다.
Her parents are sitting across from her.   그녀의 부모님은 그녀의 맞은 편에 앉아 있다.

유형 4

그림 속에 나오는 시간이나 날짜를 표현하는 가장 적절한 단어나 표현을 고르는 문제이다.

기본적으로 시간, 날짜, 요일, 월 등 시간을 나타내는 단어와 표현들을 알아야 하므로 다음 표현들을 익혀두도록 하자.

• 시간/날짜/년도/금액을 표현하는 방법

☐ eight twenty-five AM	8:25 AM	☐ on Monday	월요일에
☐ ten PM	10:00 PM	☐ on Wednesday	수요일에
☐ on January 2nd	1월 2일에	☐ on Saturday	토요일에
☐ on June 23rd	6월 23일에	☐ on Sunday	일요일에
☐ in October	10월에	☐ in two thousand-twenty	2020년도에
☐ on August 30th	8월 30일에	☐ in nineteen-ninety nine	1999년도에
☐ in December	12월에	☐ ten dollars	$10
☐ in May	5월에	☐ two dollars (and) forty cents	$2.40

✏️ Step 1. Example

Q

It's already _____. I will be late again.

(A) nine ten
(B) nine five
(C) eight five
(D) eight fifteen

🔊 **해석**　벌써 _____ 이야. 나 또 늦겠네.

(A) 9시 10분　　(B) 9시 5분　　(C) 8시 5분　　(D) 8시 15분

💬 **풀이**　　정답 (C)

시계 바늘이 8시 5분을 가르키고 있으므로 8시 5분을 뜻하는 (C)가 정답이다.

Aa **어휘**　 adj **late** 늦은　 adv **already** 벌써　 adv **again** 또

함께 알아두면 좋을 표현

＊ It's already

'It's already ~'는 '벌써 ~야'라는 표현이다. 시간과 관련한 이야기를 할 때 주로 사용한다.

　ex　It's already half past six.　벌써 6시 반이야.
　　　It's already time for lunch.　벌써 점심 먹을 시간이야.

Basic Reading & Writing　119

Q

	Mon	Tues	Wed	Thurs	Fri
1		1	2	3	4
	7	8	9	10	
	14	15	16	17	1
	21	22	23	24	2
	28	29	30	31	

My sister's birthday is on _____.

(A) January first
(B) January tenth
(C) March tenth
(D) March eleventh

해석 내 여동생 생일은 _____ 이야.

(A) 1월 1일 (B) 1월 10일 (C) 3월 10일 (D) 3월 11일

풀이 정답 (B)

1월 10일에 표시를 하고 있으므로 1월을 뜻하는 January 와 10일을 뜻하는 tenth가 합쳐진 (B)가 정답이다.

Aa 어휘 ㅁ **birthday** 생일 ㅁ **January** 1월 ㅁ **March** 3월

함께 알아두면 좋을 표현

* 날짜와 함께 사용하는 전치사

정확한 날짜를 표현할 때 'on'을 사용한다.

ex My birthday is on June 4th. 내 생일은 6월 4일이야.
The party is on March 17th. 파티는 3월 17일이야.

Q

The robot is _____.

(A) nine dollars

(B) ninety dollars

(C) nineteen dollars

(D) twenty-nine dollars

🔊 **해석**

로봇은 _____ 이다.

(A) 9달러　　(B) 90달러　　(C) 19달러　　(D) 29달러

💬 **풀이**　　정답 (C)

로봇 바로 아래 붙여져 있는 가격표에 19달러 라고 써져있으므로 (C)가 정답이다.

Aa **어휘**　　　n　**robot**　로봇

함께 알아두면 좋을 표현

＊ **가격 표현**

가격을 표현 할 때는 주로 be 동사를 쓰며 비용을 나타내는 동사인 'cost' 또한 자주 사용한다.

ex　This pen is one dollar.　이 볼펜은 1달러야.

My shoes cost fifty dollars.　내 신발은 50달러였어.

Q1

Brazil hosted the Olympic Games in _____.

(A) sixteen twenty
(B) twenty sixteen
(C) two hundred sixty
(D) two thousand sixty

Q2

This coupon is valid until _____.

(A) December thirty first
(B) December thirteenth
(C) November thirty first
(D) November twenty first

함께 알아두면 좋을 표현

* host

국가, 도시, 단체가 행사를 개최할 때는 host를 사용하여 표현한다. 'host'와 함께 행사 이름이 온다.

ex The winter Olympics are hosted in Korea. 겨울 올림픽은 한국에서 열린다.
  Cannes hosts the annual film festival. 깐느는 해마다 영화제를 주최한다.

Q3

You must hurry up! It's already _____.

(A) ten ten
(B) nine two
(C) noon
(D) nine second

Q4

RECEIPT

1. carrot $3
2. bread $5
3. cereal $12
4. milk $12.30

TOTAL $22.30

Thank you for shopping!

We spent _____ dollars total on groceries.

(A) twenty dollars and thirty cents
(B) twenty two dollars and thirty cents
(C) twenty three dollars and twenty cents
(D) two hundred dollars and three cents

함께 알아두면 좋을 표현

✳ **날짜 표현**

날짜를 표기할 때는 month-day-year 순으로 표기한다는 것을 알아두자.

> ex March the Ninth, 2023 | March 9th, 2023 | March 9, 2023 | March 9
>   Thursday, March 9, 2023 | 3/9/2023 | 03/09/23

유형 5
부사 / 형용사

사람 혹은 사물에 대한 묘사나, 상황에 대한 표현을 꾸며주는 표현을 고르는 유형이다.

일상 생활 속에서 자주 쓰이는 디테일한 표현을 알아두어야 하며 간혹 둘 또는 셋 이상의 사람이나 사물을 비교하는 문제도 출제된다.

• 상태를 나타내는 영어단어

☐	neat	정돈된	☐	softly	부드럽게
☐	awful	끔찍한	☐	gently	부드럽게
☐	empty	비어있는	☐	loudly	시끄럽게
☐	messy	어질러진	☐	quietly	조용하게
☐	clean	깨끗한	☐	slowly	느리게
☐	easy	쉬운	☐	quickly	빠르게
☐	hard	어려운, 딱딱한	☐	carefully	조심스럽게
☐	small	작은	☐	messily	혼란스럽게

Step 1. Example

Q

My baby sister's room is always _____ and clean.

(A) neat
(B) awful
(C) empty
(D) messy

🔊 **해석**

내 아기 여동생의 방은 언제나 _____ 고 깨끗해.

(A) 정돈된　(B) 끔찍한　(C) 비어있는　(D) 어질러진

💬 **풀이**　　**정답 (A)**

정돈 되었다는 뜻을 가진 형용사 'neat'가 적절하다. 따라서 (A)가 정답이다.

Aa **어휘**
| adj **clean** 깨끗한 | adj **messy** 어질러진 | adj **awful** 끔찍한 |
| adj **neat** 정돈된 | adj **empty** 비어있는 | |

함께 알아두면 좋을 표현

＊ baby

'baby ~'는 명사를 꾸며주는 형용사 역할을 하며 대상이 어리다고 표현하거나 애정을 드러낼 때 사용한다.

ex　My baby brother is 6 months old.　내 어린 남동생은 6개월 됐어.
　　I have a baby cousin.　나는 어린 사촌동생이 있어.

Q

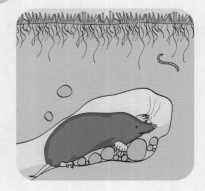

It looks like the mole is resting _____.

(A) outside
(B) upstairs
(C) nowhere
(D) underground

🔊 해석   두더지가 _____ 쉬고 있다.

(A) 밖에서   (B) 윗층에서   (C) 아무데도(…없다)   (D) 지하에서

💬 풀이   정답 (D)

땅 아래에서 쉬고 있으므로 표면의 아래를 뜻하는 부사인 'underground'가 적절하다. 따라서 (D)가 정답이다.

Aa 어휘

| adj | **outside** 밖에 | adj | **underground** 지하의 | v | **rest** 쉬다 |
| n | **mole** 두더지 | n | **upstairs** 윗층 | adv | **nowhere** 아무데도(…없다) |

함께 알아두면 좋을 표현

* **looks like**

'looks like ~'는 '~처럼 보인다'라는 의미를 가지고 있다.

ex   It looks like he's sleeping.   그가 자고 있는 것 같아.
She looks like a teacher.   그녀는 선생님 같아보여.

Q

The boy is carrying a very _____ backpack.

(A) easy

(B) hard

(C) small

(D) heavy

해석

소년은 아주 _____ 가방을 매고 있다.

(A) 쉬운   (B) 어려운, 딱딱한   (C) 작은   (D) 무거운

풀이   정답 (D)

소년은 가방이 무거워서 힘들어 하고 있다. 형용사 'heavy(무거운)'는 명사 'backpack(배낭)'을 수식하고 있으므로 (D)가 정답이다.

Aa 어휘

| v | **carry** 들고있다 | adj | **easy** 쉬운 | adj | **hard** 어려운, 딱딱한 |

| adj | **small** 작은 | adj | **heavy** 무거운 |

함께 알아두면 좋을 표현

* **carry**

'carry ~'는 상황에 따라 '들다', '매다' 등으로 의미가 조금씩 달라지니 문맥에 맞는 해석이 중요하다.

ex I'm carrying books.   나는 책을 들고 있다.

She's carrying a light backpack.   그녀는 가벼운 책가방을 매고 있다.

Q1

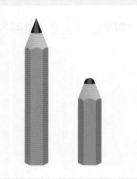

The green pencil is _____.

(A) tall and dull
(B) tall and sharp
(C) short and dull
(D) short and sharp

Q2

The school bus is very _____.

(A) fat
(B) clear
(C) empty
(D) crowded

토셀쌤의 문제 풀이 Tip!

질문에서 모르는 형용사 혹은 부사가 등장했더라도, 아는 단어들을 보고 정답을 추측할 수 있다. 모르는 단어가 나왔다고 당황하지 말고 **침착하게 문제를 푸는 연습을** 하자.

Q3

The boy plays music _____.

(A) softly
(B) gently
(C) loudly
(D) quietly

Q4

The trumpet is _____.

(A) as big as the cello
(B) less than the cello
(C) bigger than the cello
(D) smaller than the cello

함께 알아두면 좋을 표현

* **play**

'play'는 상황에 따라 '놀다, 운동하다, 연주하다' 등으로 의미가 달라지니 문맥에 맞는 해석이 중요하다.

ex He knows how to play the guitar.   그는 기타를 칠 줄 안다.
      She plays tennis for fun.   그녀는 재미로 테니스를 친다.

Part C Reading and Retelling

Part C 유형설명

유형	세부 내용	문항 수
본문 읽고 질문에 답하기	1. 이메일/편지/초대	각 유형이 골고루 출제됨
	2. 표/차트/그래프	
	3. 일정	
	4. 공고문/안내문	
	5. 웹사이트/소셜미디어	
	6. 광고문/브로셔/쿠폰	
	7. 기타 실용문	
총 7개 유형		총 10문항

DIRECTION

1. 11-20번까지 총 10문항으로 구성됩니다.

2. 이메일, 일정, 차트, 웹사이트 등 실생활에서 자주 접할 수 있는 지문들이 제시되고 각 지문과 관련된 2개의 질문에 가장 적절한 답을 고르는 파트입니다.

3. 주어진 글의 세부 사항에 대해 묻는 문제가 10문제 중 8~9문항으로 가장 많이 나오고 글의 제목이나 대상 또는 글이 게시되는 장소 혹은 특정 정보가 지문에 언급되었는지 여부를 묻는 문제들도 1~2개 정도 출제됩니다.

Part C 는 이렇게 준비하자!

❶ Scanning 기술

Scanning이란 모든 글을 처음부터 끝까지 꼼꼼히 다 읽는 것이 아닌 필요한 정보가 있는 부분만 선별하여 필요한 정보를 찾아내는 방법이다. 따라서 '선택과 집중'이 중요하다.

> ### Example
>
> | STEP 1 | 질문에서 키워드 찾기 | ➡ | Q Where will the concert be? |
> |---|---|---|---|
> | | | | 콘서트는 어디에서 하는가? |
>
> STEP 2   지문 속 단서 찾기   ➡   Where, Location, Concert hall, Theater 등
>
> STEP 3   단서 앞 뒤 문장에서 답 찾기   ➡   'Location: Burnam Art Theater'
>   지문 속 단서   정답
>
> STEP 4   선택지에서 확인하기   ➡   (A) Burnam Stadium
>   (B) Burnam Art Theater
>   (C) Chunkang Theater
>   (D) Chunkang Park
>
> ---
>
> 질문이 "Where will the concert be?(콘서트는 어디에서 하는가?)"라면, 지문에서 장소와 관련된 단어인 'Where', 'Location' 등을 찾고, 그 부근에서 정답의 단서를 찾아 정답을 고르는 것이다.

❷ Paraphrasing

지문에서 단서를 통해 답을 찾았다면, 주어진 선택지 중 알맞은 답을 골라야 한다. 하지만 지문 속 단어와 보기의 단어가 언제나 완전히 일치하지 않는다.같은 대상을 다른 단어로 바꾸어 표현할 수 있다. 예를 들어 "What did Bob send to Kay?(Bob은 Kay에게 무엇을 보냈는가?)"에 대한 정답의 단서가 "I'll give this t-shirt as a gift.(내가 선물로 이 티셔츠를 줄게.)"라면 선택지 속의 정답은 't-shirts'가 아닌 'clothes'로 말을 바꿔 놓는 것이다.

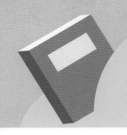

VOCA

n	**principal**	교장선생님
n	**ankle**	발목
n	**volunteer**	봉사
n	**haircut**	이발
n	**garbage**	쓰레기
n	**schedule**	일정
v	**craft**	공예품을 만들다
n	**experiment**	실험

v	**stir**	젓다
n	**chalk**	분필
n	**sidewalk**	보도, 인도
n	**autograph**	(유명인의) 사인
n	**discount**	할인
n	**creativity**	창의력
n	**vegetarian**	채식주의자
n	**admission**	입장료

유형 1

이메일, 편지 또는 초대장을 통해 전달되는 다양한 내용에 대한 질문에 답하는 유형이다.

'세부정보'를 묻는 질문이 가장 많이 출제되고 있으며, 그 다음으로 '이 글을 쓴 목적'이나 '이 글을 쓰는 사람이나 받는 사람'에 대해 묻는 질문들이 주로 출제된다.

세부사항을 묻는 질문 형태

What is this invitation for?
이 초대장은 무엇을 위한 것인가?

What is the email mainly about?
이메일은 주로 무엇에 관한 것인가?

When will Marsha see everyone?
Marsha는 모두를 언제 볼 것인가?

How long will Luke be in Australia?
Luke는 호주에서 얼마나 오래 있을 것인가?

According to the email/letter/invitation, what is true?
이메일/편지/초대장에 따르면, 사실인 것은 무엇인가?

✅ **글의 목적 파악하기!**

이메일/편지/초대장을 보낸 목적과 의도를 파악하고 'Why did Amy send this email?', 'What is this invitation for?'과 같은 질문에 답할 수 있어야 한다.

✅ **글과 관련된 인물 정보 찾기!**

이메일/편지의 윗부분에 받는 사람, 아랫부분에 보내는 사람, 또는 이메일 주소 등 글의 형식을 통해 글에서 다루는 사람의 직업이나 신원을 알 수 있다.

✅ **추가적인 정보도 파악하기!**

초대장이 나올 때에는 장소, 날짜, 시간과 같은 핵심적인 정보뿐만 아니라 행사의 목적, 주의 사항과 같은 추가적으로 제공하는 정보를 봐야 한다.

지금부터 문제들을 살펴볼까요?

Q

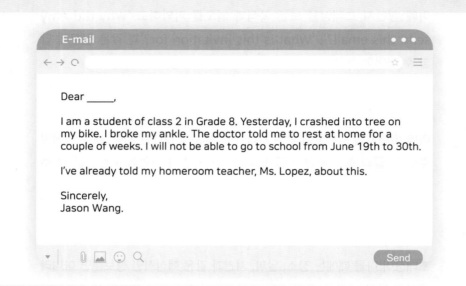

Q1. To whom is this email MOST likely being sent?

(A) Ms. Lopez

(B) Jason Wang

(C) Jason's mother

(D) the school principal

Q2. What happened to Jason?

(A) He fell from a bus.

(B) He broke his ankle.

(C) He was hit by a bicycle.

(D) He didn't go to school for 2 weeks.

Text. _____께,

저는 8학년 2반 학생입니다. 어제 저는 자전거를 타다가 나무에 부딪혔고 발목이 부러졌습니다. 의사 선생님께서 몇 주 동안은 집에서 휴식을 취하라고 하셨습니다. 저는 6월 19일부터 30일까지 학교에 가지 못합니다. 제 담임선생님 Ms. Lopez께는 이미 말씀 드렸습니다.

Jason Wang 드림

Q1. 누구에게 보내는 이메일인가?

(A) Ms. Lopez

(B) Jason Wang

(C) Jason의 엄마

(D) 교장 선생님

Q2. Jason에게 무슨일이 있었나?

(A) 버스에서 떨어졌다.

(B) 발목이 부러졌다.

(C) 자전거에 치였다.

(D) 2주동안 학교에 가지 않았다.

💬 풀이　　정답 (D), (B)

Q1. 이메일을 보낸 사람이 Jason Wang으로 수신자를 유추하는 문제이다. 이메일에서 담임 선생님 Ms. Lopez에게 내용을 이미 전달했다는 것으로 보아 학교 관계자에게 보낸 것으로 유추할 수 있다. 따라서 교장 선생님인 (D)가 정답이다.

Q2. 이메일의 내용 중 "I broke my ankle. (발목이 부러졌다)"라고 언급 했으므로 (B)가 정답이다.

Aa 어휘

n	student	학생	n	ankle	발목	n	homeroom teacher 담임선생님
v	crash	부딪히다	n	doctor	의사	v	be able to ~ 할 수 있다
v	rest	쉬다	n	bike	자전거		

Q

Dear. Maggie
Happy New Year!
I'm sorry you can't come to the new year's party.
But don't worry, I will take a lot of pictures at the party and send them to you.
My biggest resolution for the new year is to do a volunteer job.
I will tell you about it once I start it! I hope you have a great start of the year,
wish you the best luck for your new job, too!
Sincerely,
Yulia

Q1. Why did Yulia send Maggie this letter?

(A) to tell her bad news

(B) to ask her to send a gift

(C) to wish her a happy new year

(D) to thank her for coming to a party

Q2. What is Yulia's resolution for the new year?

(A) to do a volunteer job

(B) to write a trip journal

(C) to visit Paris to meet Maggie

(D) to throw a birthday party for Maggie

🔊 해석

Text. Maggie 에게

새해 복 많이 받아!

새해 파티에 오지 못한다니 유감이야. 하지만 걱정 하지 마, 내가 파티에서 사진 많이 찍어서 너한테 보내줄게.

새해에 가장 큰 내 결심은 자원봉사하는 거야. 시작하게 되면 알려줄게!

네가 새해 시작을 잘 하면 좋겠고 새로 시작하는 일도 행운을 빌게!

Yulia가

Q1. Yulia는 왜 Maggie 에게 이 편지를 보냈는가?

(A) 나쁜 소식을 전하기 위해

(B) 선물을 보내달라고 요청하기 위해

(C) 새해를 축복하기 위해

(D) 파티에 와줘서 고맙다고 하기 위해

Q2. Yulia의 새해 결심은?

(A) 자원봉사 하기

(B) 여행일기 작성하기

(C) Maggie 만나러 파리 가기

(D) Maggie 생일파티 해주기

💬 풀이   정답 (C), (A)

Q1. 편지의 내용 시작과 끝은 신년을 축하하며 덕담을 나누는 문장으로 구성되어 있으므로 (C)가 정답이다.

Q2. 편지의 내용 중 "My biggest plan for the new year is to do a volunteer job.(새해에 가장 큰 내 결심은 자원봉사하는 거야.)"라고 언급하였으므로 (A)가 정답이다.

Aa 어휘

| v send 보내다 | n resolution 다짐[결심] | v volunteer 봉사하다 |

Q

Juan is turning 8!
Please join us for a Birthday Party!

Sunday · June 23 · 12-3PM
Bayview Children's Club

Please respond by Jun 20th

Q1. How old is Juan?

(A) 6

(B) 8

(C) 10

(D) 12

Q2. According to the card, what is true?

(A) The party will start at 3 o'clock.

(B) The party will be at Juan's house.

(C) The party will be held on Sunday afternoon.

(D) Guests must say whether they are coming by the 23rd.

Jonathan's Birthday Party

Jonathan is celebrating his 12th birthday at his house!
Please come and celebrate with him.

Place : 20 Royal Street

Time : 3PM

Date : November 2nd

*Bring an apple to make apple candies!

정답률 86.71%

Q1. When is Jonathan having a party?

(A) November 2nd, 2 PM

(B) November 2nd, 3 PM

(C) November 12th, 2 PM

(D) November 20th, 3 PM

정답률 92.05%

Q2. What should people bring to the birthday party?

(A) an apple

(B) a present

(C) some food

(D) a birthday card

유형 2
표 / 차트 / 그래프

표나 그래프를 통해 전달되는 세부 정보에 대한 질문에 답하는 유형이다.

표/차트/그래프는 여러가지 항목을 비교하거나 요점만을 정리하여 중요한 정보만을
명료하게 제시한다. 목적에 맞게 가장 중요한 정보가 무엇인지 파악하는 것이 중요하다.

세부사항을 묻는 질문 형태

What is the most popular subject?
가장 인기 있는 과목은 무엇인가?

Which sports have the same percentage?
어떤 운동이 같은 비율을 가지고 있는가?

What percentage of students liked HyperDrive 9?
HyperDrive 9을 좋아하는 학생의 비율은 몇 %인가?

Which comic book did 2A students like the least?
2A 학생들이 가장 싫어하는 만화책은 어떤 것인가?

Which vegetable is the least popular among students?
학생들 사이에 가장 싫어하는 채소는 어떤 것인가?

✅ **질문 속의 키워드 파악하기!**

우선 질문 속의 키워드를 바탕으로 질문이 요구하는 바가 무엇인지를
확실히 이해해야 한다.

✅ **지문에서 키워드 찾아내기!**

그 다음에 지문을 빠르게 훑으면서 키워드, 혹은 그와 비슷한 단어나
표현을 찾고, 찾았다면 그 주변에서 정답의 단서를 찾아낸다.

✅ **선택지 비교해서 정답 고르기!**

지문에서 찾은 단어나 표현과 같은 단서와 보기의 선택지를 비교하며 가장
알맞은 답을 찾아낸다.

지금부터 문제들을 살펴볼까요?

Q

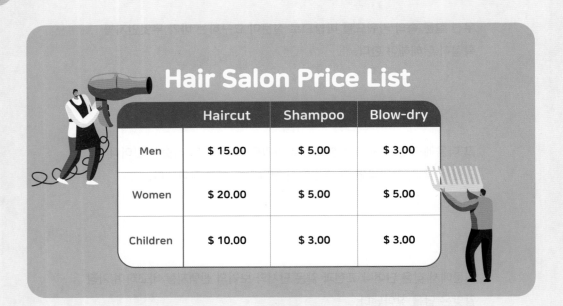

Hair Salon Price List

	Haircut	Shampoo	Blow-dry
Men	$ 15.00	$ 5.00	$ 3.00
Women	$ 20.00	$ 5.00	$ 5.00
Children	$ 10.00	$ 3.00	$ 3.00

Q1. How much is it for a children's haircut?

(A) $10.00

(B) $13.00

(C) $15.00

(D) $16.00

Q2. What can a woman get for thirty dollars?

(A) only a haircut

(B) only a shampoo

(C) only a haircut and blow-dry

(D) a haircut, shampoo and blow-dry

◁ 해석

Text. 미용실 가격표

	머리 커트	샴푸	드라이
남자	$15.00	$5.00	$3.00
여자	$20.00	$5.00	$5.00
어린이	$10.00	$3.00	$3.00

Q1. 어린이 머리 커트는 얼마인가?

(A) $10.00

(B) $13.00

(C) $15.00

(D) $16.00

Q2. 30달러로 여자가 받을 수 있는 것은?

(A) 커트만

(B) 샴푸만

(C) 커트와 드라이만

(D) 커트, 샴푸, 드라이

⊜ 풀이   정답 (A), (D)

Q1. 표에 제시된 어린이 머리 커트 비용은 10달러이다. 따라서 정답은 (A)이다.

Q2. 표에 제시된 여성 스타일링 비용은 커트20달러, 샴푸 5달러, 드라이 5달러이므로 총 30달러이다. 따라서 여자가 30달러를 가지고 있다면 모든 서비스를 받을 수 있으므로 정답은 (D) 이다.

Aa 어휘

n hair 머리카락	n price 가격	n list 목록, 알람표

Q

Woodlands School
Spring Clean-Up
(Students picked up garbage in neighborhoods and put it in bags.)

Class	Bags of Garbage
Ms. Davies' Grade 3	5 bags
Ms. Kim's Grade 3	9 bags
Ms. Mann's Grade 4	11 bags
Ms. Jones' Grade 4	17 bags

Q1. How many bags did 4th grade classes pick up?

(A) 11 bags

(B) 14 bags

(C) 17 bags

(D) 28 bags

Q2. Which grade is Ms. Kim teaching?

(A) Grade 3

(B) Grade 4

(C) Grade 5

(D) Grade 9

Text. Woodlands 학교

봄맞이 대청소

(학생들은 마을에 떨어진 쓰레기를 주워서 봉투에 넣었다.)

반	쓰레기 봉지(개수)
Ms. Davies 3학년	5봉지
Ms. Kim 3학년	9봉지
Ms. Mann 4학년	11봉지
Ms. Jones 4학년	17봉지

Q1. 4학년은 몇개의 봉지를 주웠는가?

(A) 11봉지

(B) 14봉지

(C) 17봉지

(D) 28봉지

Q2. Ms. Kim이 가르치는 학년은?

(A) 3학년

(B) 4학년

(C) 5학년

(D) 9학년

💬 풀이   정답 (D), (A)

Q1. 4학년 학급은 Ms. Mann반과 Ms. Jones반으로 각각 11봉지와 17봉지를 주웠다. 따라서 총 28봉지로 (D)가 정답이다.

Q2. Ms. Kim은 3학년 담임선생님으로 (A)가 정답이다.

Aa 어휘

 phr **clean up** 청소하다   phr **pick up** 줍다   n **garbage** 쓰레기

Q

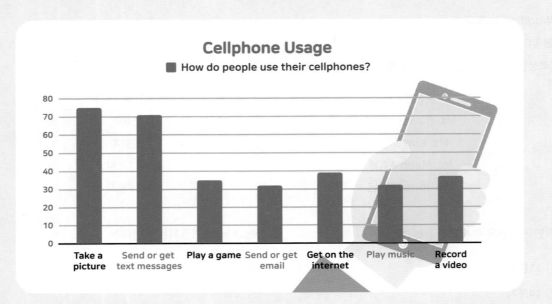

Q1. What do 32% of people do with their cellphones?

(A) play music

(B) take a picture

(C) get on the internet

(D) send or get text messages

Q2. What percentage of people record videos?

(A) 31%

(B) 37%

(C) 41%

(D) 47%

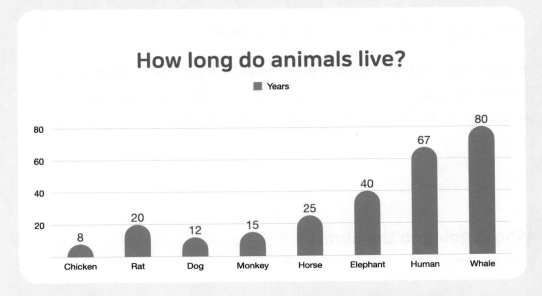

정답률 98.37%

Q1. Which animal lives the longest?

(A) dogs

(B) horses

(C) whales

(D) monkeys

정답률 77.84%

Q2. Which animal lives less than 20 years?

(A) horses

(B) humans

(C) monkeys

(D) elephants

유형 3

일정표를 보고 세부 정보에 대한 질문에 답하는 유형이다.

일정 관련 지문은 주로 달력 모양이나 일정표 형태로 제시된다. 지문의 내용을 모두 읽고
이해하는 것이 아니라 필요한 정보만을 해당 날짜나 시간에서 찾아내거나 또는 두 개나
세 개의 항목을 서로 비교하여 정답을 찾아내는 문제가 출제된다.

세부사항을 묻는 질문 형태

Who is going to the library?
누가 도서관에 가는가?

When does Terry go to school?
Terry는 언제 학교에 가는가?

What does Nandi NOT do in the morning?
Nandi는 아침에 무엇을 하지 않는가?

What time does the camp start every day?
캠프는 매일 몇 시에 시작하는가?

How many times does Ann play basketball in a week?
Ann은 일주일에 몇 번 농구를 하는가?

✅ **Scanning 활용하기!**

지문의 특성 상 Scanning(정보를 빠르게 훑어 읽기) 기술을 요구하는
문제가 출제되므로 세부정보들을 재빨리 파악하여 답을 찾아내야 한다.

✅ **표의 정보 정확하게 파악하기!**

시간이나 날짜와 같은 일정 정보 뿐만 아니라 다양한 정보가 표로 제시되니
이를 분석하고 이해하는 능력이 필요하다.

✅ **그래프의 항목들을 비교하기!**

다양한 항목들을 서로 꼼꼼히 비교하면서 정답을 찾는 데 필요한 정보를
골라내도록 하자.

지금부터 문제들을 살펴볼까요?

Q

Thornhill Guitar Lessons for Kids

Class	Place	Day	Time	Start Date
Level 1	St. Jean Elementary	Sunday	3:30 PM - 4:30 PM	Sept 26
Level 2	Bayview High School	Monday	5:30 PM - 6:30 PM	Sept 27
Level 3	Woods Elementary	Thursday	6:00 PM - 7:00 PM	Sept 30
Level 4	Thornlea High School	Saturday	9:00 PM - 10:00 PM	Oct 2

Q1. What starts on September 30th?

(A) Level 1
(B) Level 2
(C) Level 3
(D) Level 4

Q2. Where are Saturday lessons being held?

(A) at Woods Elementary
(B) at St. Jean Elementary
(C) at Bayview High School
(D) at Thornlea High School

Text.   Thornhill 어린이 기타 수업

반	장소	요일	시간	시작일
레벨1	St. Jean 초등학교	일요일	오후 3:30~4:30	9/26
레벨 2	Bayview 고등학교	월요일	오후 5:30~6:30	9/27
레벨 3	Wood 초등학교	목요일	오후 6:00~7:00	9/30
레벨 4	Thornlea 고등학교	토요일	오후 9:00~10:00	10/2

Q1. 9월 30일에 시작하는 수업은?

(A) Level 1

(B) Level 2

(C) Level 3

(D) Level 4

Q2. 토요일 수업은 어디에서 열리는가?

(A) Woods 초등학교에서

(B) St. Jean 초등학교에서

(C) Bayview 고등학교에서

(D) Thornlea 고등학교에서

💬 풀이   정답 (C), (D)

Q1. 시작일이 9월 30일인 수업은 Level 3이다. 따라서 (C)가 정답이다.

Q2. 토요일에 열리는 수업은 Level 4이며 장소는 Thornlea 고등학교이다. 따라서 (D)가 정답이다.

Aa 어휘

| n guitar | 기타 | n lesson | 레슨, 강습 | phr start date | 시작일 |

Q

Mina's Friday Schedule (July 29)

9:30 am ~ 3:30 pm	Summer Camp (study Korean, art, math and sports)
3:45 pm	Eating cookies at home
4:30 pm	Getting a haircut at a hair salon
5:15 pm ~ 6:00 pm	Taking a swimming lesson
6:30 pm ~ 7:00 pm	Eating dinner at a restaurant
7:30 pm ~ 8:30 pm	Watching a children's play 'Cinderella' with family.

Q1. What does Mina do with her family?

(A) watching a play

(B) getting a haircut

(C) studying Korean

(D) taking a swimming lesson

Q2. When does Mina have snacks??

(A) 3:30 PM

(B) 3:45 PM

(C) 6:00 PM

(D) 8:30 PM

Text. Mina의 금요일 스케줄 (7월 29일)

9:30 AM ~ 3:30 PM	여름캠프(한국어, 미술, 수학, 체육)
3:45 PM	집에서 쿠키 먹기
4:30 PM	미용실에서 헤어 커트
5:15 PM ~ 6:00 PM	수영강습
6:30 PM ~ 7:00 PM	레스토랑에서 저녁 먹기
7:30 PM ~ 8:30 PM	가족들과 어린이 연극 '신데렐라' 관람

Q1. Mina는 가족들과 무엇을 하는가?

(A) 연극관람

(B) 머리 커트

(C) 한국어 공부

(D) 수영 수업

Q2. Mina가 간식을 먹는 시간은?

(A) 오후3:30

(B) 오후3:45

(C) 오후6:00

(D) 오후8:30

💬 풀이　　정답 (A), (B)

Q1. 표에 제시된 마지막 일정 "Watching a children's play 'Cinderella' with family.(가족들과 어린이 연극 '신데렐라' 관람)"를 통해 가족과 함께 연극 관람을 할 예정임을 알 수 있다. 따라서 (A)가 정답이다.

Q2. Mina는 3:45에 쿠키를 먹고 6:30에 저녁을 먹는다. 그 중 쿠키 먹는 시간인 (B)가 정답이다.

Aa 어휘

n	schedule	계획표	n	hair salon	미용실	phr	swimming lesson	수영 강습
n	play	연극	n	restaurant	식당			

Q

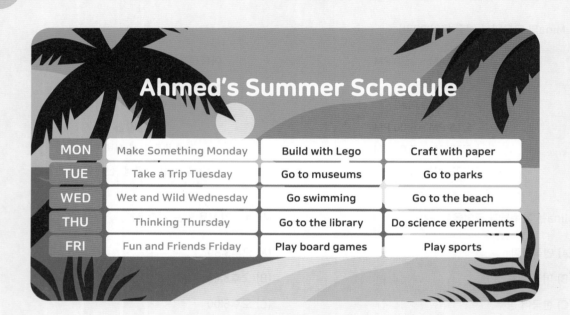

Q1. If Ahmed wants to build a block city, on which day would he do it?

(A) on Monday

(B) on Tuesday

(C) on Wednesday

(D) on Thursday

Q2. Ahmed invited his friend Franco to play board games. Which day is it?

(A) Tuesday

(B) Wednesday

(C) Thursday

(D) Friday

Ann's Summer Camp Schedule

Time	Monday	Tuesday	Wednesday	Thursday	Friday
9:00-10:00	Games	Games	Games	Games	Games
10:00-11:00	Team Activity	Dance Class	Team Activity	Dance Class	Team Activity
11:00-12:00	Swimming	Basketball	Swimming	Basketball	Swimming
12:00-13:00	Lunch				
13:00-13:30	Free Time	Free Time	Free Time	Free Time	Free Time
13:30-15:00	Art & Crafts	Theater	Art & Crafts	Theater	Art & Crafts
15:00-16:00	Outdoor Activities	Outdoor Activities	Outdoor Activities	Outdoor Activities	Outdoor Activities

정답률 88.61%

Q1. What time does the camp start every day?

(A) 9:00

(B) 12:00

(C) 13:30

(D) 16:00

정답률 89.92%

Q2. How many times does Ann play basketball in a week?

(A) once

(B) twice

(C) three times

(D) four times

유형 4
공고문 / 안내문

공고문과 안내문을 읽고 세부 정보에 대한 질문에 답하는 유형이다.

공고문과 안내문은 학교나 단체에서 게시판, 웹게시판 또는 편지 등을 통해 중요한 내용을 알리는 알림장이나 통지문 형식으로 등장한다. 또한 생활 팁이나 규칙 또는 제품 사용 설명서 등도 출제된다.

세부사항을 묻는 질문 형태

How long is the concert?
콘서트는 얼마나 긴가?

What is this announcement for?
안내 방송은 무엇을 위한 것인가?

What can be found at the school?
학교에서 무엇을 찾을 수 있는가?

Which part makes food for the plant?
어떤 부분이 식물의 양분을 만드는가?

Where would you most likely find this information?
이 정보를 찾을 수 있는 곳으로 가장 적절한 것은 무엇인가?

☑️ **제목과 소제목을 통해 파악하기!**

공고문/안내문의 주제가 드러나는 제목과 소제목에서 전반적인 내용을 미리 파악하면 글을 이해하는 데에 도움이 된다.

☑️ **공고문과 안내문의 대상자 파악하기!**

지문의 공고문과 안내문을 보는 사람은 누구일 것인지 또는 글이 게시된 장소가 어디인지 파악하는 것이 정답의 단서가 될 수 있다.

☑️ **출제 빈도가 높은 질문 유형 익혀두기!**

어떤 질문들이 나올 지 미리 예상하면 지문에서 어떤 정보를 핵심적으로 읽어내야 하는지 효율적으로 계획할 수 있다.

지금부터 문제들을 살펴볼까요?

Q

Lost Bag!

I left my bag in the playground on Wednesday, June 16th.
It has blue and white stripes.
There are important school textbooks and notebooks in the bag.

Please call me at (647) 521-6468
or email me at jennywong@yahoo.com

Thank you.
Jenny

Q1. Where did Jenny leave her bag?

(A) at home

(B) in a classroom

(C) in a bookstore

(D) in a playground

Q2. What is in the bag?

(A) important storybooks

(B) letters to Jenny Wong

(C) textbooks and notebooks

(D) blue and white stripes bag

🔊 해석

Text.   분실된 가방

저는 6월 16일 수요일에 가방을 놀이터에 두고 왔습니다. 파란색과 하얀색 줄무늬가 있습니다. 가방 안에는 중요한 학교 교화서와 공책이 있습니다. 647 521-6468로 전화주시거나 jennywong@yahoo.com으로 이메일 주세요.

감사합니다.

Jenny

Q1. Jenny는 어디에 그녀의 가방을 두었는가?

(A) 집에

(B) 교실에

(C) 서점에

(D) 놀이터에

Q2. 가방안에 무엇이 있는가?

(A) 중요한 이야기 책

(B) Jenny Wong에게 쓴 편지들

(C) 교과서와 노트

(D) 파란색, 하얀색 줄무늬 가방

💬 풀이   정답 (D), (C)

Q1. 첫 문장 "I left my bag in the playground."를 통해 Jenny가 가방을 놀이터에 두었다는 사실을 알 수 있으므로 (D)가 정답이다.

Q2. "There are important school textbooks and notebooks in the bag."를 통해 가방 안에는 중요한 학교 교과서와 노트가 있음을 알 수 있으므로 (C)가 정답이다.

Aa 어휘

n	lost 잃어버린, 분실된	n	playground 놀이터	n	textbook 교과서
n	stripe 줄무늬	adj	improtant 중요한		

Step 2. Pattern Practice

Q

Did you catch a cold?

Here's how to make Homemade Cough Syrup.

You will need
3 tablespoons lemon juice, 1 cup honey, 1/4 cup warm water

❶ Mix together lemon juice and honey in a bowl.
❷ Slowly stir in the water.
❸ Put it in a jar.
❹ You can keep this in the refrigerator.
❺ Take 1~2 tablespoons each time.

Q1. When should you take this syrup?

(A) when you are sneezing

(B) when you are coughing

(C) when your nose is runny

(D) when you have a headache

Q2. How much syrup should you take each time?

(A) 1 cup

(B) 1/4 cup

(C) 3 tablespoons

(D) 1-2 tablespoons

🔊 해석

Text. 감기 걸렸는가?

수제 기침약을 만드는 방법이다.

필요한 재료: 레몬즙 3큰술, 꿀 한 컵, 따뜻한 물 1/4 컵

① 레몬즙과 꿀을 그릇에 넣어 섞는다.

② 천천히 물에 넣어 젓는다.

③ 냉장보관한다.

④ 한번 먹을 때 1~2큰술을 먹는다.

Q1. 이 시럽을 언제 먹어야 하는가?

(A) 재채기 할 때

(B) 기침이 날 때

(C) 콧물이 날 때

(D) 두통이 있을 때

Q2. 한 번 먹을 때마다 시럽을 얼마나 먹어야 하는가?

(A) 1컵

(B) 1/4컵

(C) 3큰술

(D) 1~2큰술

💬 풀이   정답 (B), (D)

Q1. "Here's how to make Homemade Cough Syrup"은 감기 걸렸을 때, 특히 기침이 날 때 먹어야 하는 시럽을 뜻하므로 (B)가 정답이다.

Q2. "Take 1-2 tablespoons each time." 을 통해 한번 먹을 때 마다 1~2큰술을 먹어야 함을 알 수 있으므로 (D)가 정답이다.

Aa 어휘

n	**homemade**	손수 만든	phr	**cough syrup**	기침약	n	**honey**	꿀
n	**tablespoon**	큰술	n	**cough**	기침	v	**stir**	젓다

Q

How to Make Eggshell Chalk

This chalk is for sidewalk drawing. Do not use it for chalkboards.

You will need:
6 eggshells, 1 spoon of hot water, 1 spoon of flour, food coloring

Break the eggshells to make powder.
Put 1 spoon of powder in a cup. Add the flour and hot water.
Then add food coloring. Shape it into stick.
Let it dry for 3 days.

Q1. What is this chalk for?

(A) drawing on paper

(B) drawing on streets

(C) drawing on windows

(D) drawing on chalkboards

Q2. What do you add last to the eggshell powder?

(A) eggs

(B) flour

(C) water

(D) food coloring

New Book Coming Soon!

Best-selling author Joe Bokono is coming
with a new book following his bestseller "Wolf Couple" in 2013.
It is titled "Stone Man".

If you buy the book you also get

- a bookmark with Bokono's face
- Bokono's autograph on the front cover
- a notebook with quotes from the book

정답률 40.52%

Q1. What is NOT true about 'Stone Man'?

(A) Joe Bokono wrote it.

(B) It was published in 2013.

(C) It has a notebook with quotes.

(D) You can get a bookmark with it.

정답률 45.32%

Q2. What is 'Wolf Couple'?

(A) a new book by Bokono

(B) a book published on January 1st

(C) a book with a notebook of quotes

(D) a book released before "Stone Man"

유형 5

웹사이트 / 소셜미디어

웹사이트나 소셜미디어의 글을 읽고 세부 정보에 대한 질문에 답하는 유형이다.

웹사이트나 소셜미디어는 서술형으로 무언가를 설명하거나 표 형식으로 요점만 간략하게 보여주는 경우도 있다. 따라서 웹사이트나 소셜미디어 관련 지문이 등장했을때 글의 유형을 먼저 파악하고 어떻게 접근하여 문제를 풀어나가는 것이 효율적일지를 판단해야 한다.

세부사항을 묻는 질문 형태

What are these tips for?
이 팁들은 누구를 위한 것인가?

At which time can visitors go to the farm?
방문객들은 몇 시에 농장에 갈 수 있는가?

Which reviewer says "The pants are too tight."?
"그 바지가 너무 꽉 조여."라고 말한 후기작성자는 누구인가?

Which of the following is NOT a safe surfing activity?
안전한 서핑 활동에 대해 다음 중 사실이 아닌 것은 무엇인가?

What time can they check into a hotel?
몇 시에 호텔에 체크인을 할 수 있는가?

✅ **글의 형식이 무엇인지 파악하기!**
웹사이트나 소셜미디어에서 등장하는 글의 유형이 줄글 형태인지 표 형태인지를 먼저 파악하고 문제를 풀도록 하자.

✅ **글의 형식에 맞춰 접근하기!**
서술형일 경우는 전체적 글의 흐름과 세부 정보를 파악하는 방법으로 접근하고, 표 형식일 경우는 필요한 정보만을 찾으며 문제를 풀어나가자.

✅ **질문에서 키워드 찾기!**
웹사이트나 소셜미디어 지문의 경우, 질문의 핵심 키워드만 파악하면 지문에서 쉽게 정답을 찾아낼 수 있다.

지금부터 문제들을 살펴볼까요?

Q

Q1. How can you get a free snack?

(A) Riding a Ferris wheel

(B) Seeing a magic show

(C) Going to a restaurant

(D) Taking a picture of a castle

Q2. What time can you see animals in the circus?

(A) 1:00 PM

(B) 2:30 PM

(C) 3:00 PM

(D) 4:00 PM

Text.

성 사진 이벤트 무료 간식 얻어가세요.
서커스 시간표 마술쇼 오후 1:00 동물쇼 오후 2:30 저글링쇼 오후 4:00

Q1. 무료 간식을 받을 수 있을 방법은?

(A) 관람차 타기

(B) 마술쇼 보기

(C) 식당에 가기

(D) 성 사진 찍기

Q2. 동물 서커스를 볼 수 있는 시간은?

(A) 오후 1:00

(B) 오후 2:30

(C) 오후 3:00

(D) 오후 4:00

 풀이   정답 (D), (B)

Q1. 성 사진 이벤트로 무료 간식을 나눠주고 있으므로 (D)가 정답이다.

Q2. 서커스 시간표를 보면 오후 2시 30분에 동물쇼가 있으므로 (B)가 정답이다.

Aa 어휘

n	**castle**	성	adj	**free**	무료의	n	**Ferris wheel**	관람차
n	**snack**	간식	n	**magic**	마술	n	**juggling**	저글링

Q

Q1. What can you do on 'MY-BURGER' website?

(A) Ordering online

(B) Finding a recipe

(C) Getting a free drink

(D) Working at "MY-BURGER"

Q2. How do you get a 20% discount for your order?

(A) order online

(B) go to a new location

(C) make your own burger

(D) add fries for side menu

Text. MY-BURGER

신규 오픈 매장	나만의 버거 만들기
사이드메뉴 감자튀김 추가 $2	온라인으로 주문하고 20% 할인 받으세요.

Q1. MY-BURGER 웹사이트에서 할 수 있는 것은?

(A) 온라인으로 주문하기

(B) 레시피 찾기

(C) 무료 음료 받기

(D) MY-BURGER에서 일하기

Q2. 주문시 20% 할인을 받는 방법은?

(A) 온라인 주문하기

(B) 새로운 매장가기

(C) 나만의 버거 만들기

(D) 사이드메뉴에 감자튀김 추가하기

🗨 풀이   정답 (A), (A)

Q1. 'Order online' 항목이 있는 것으로 보아 '온라인으로 주문하기'인 (A)가 정답이다.

Q2. "Order online and get a 20% discount. (온라인으로 주문하고 20%할인 받으세요)"라고 하고 있으므로 (A)가 정답이다.

Aa 어휘

v order 주문하다	n discount 할인	n side menu 사이드 메뉴
n fries 감자튀김	n location 위치	

Q

Haizle

Katy! I have your earphones. I think they got into my bag somehow.

Oh! I was looking for them. I'm glad I didn't lose them.

When do you want to take them?

We will meet this Saturday anyway, so you can give them to me then.

Sure. See you then!

Q1. Why did Haizle send a message to Katy?

(A) to give a present for Katy

(B) to make a plan for Saturday

(C) to tell Katy her earphones are broken

(D) to let Katy know she has Katy's earphones

Q2. When does Katy want to take her earphones back?

(A) right now

(B) tomorrow

(C) next Sunday

(D) this Saturday

Reviewer 1 ★ ★ ★ ★ ★

It is quite expensive, but it's great.
It keeps the water icy cold for a very long time.
I left it in the car, and the next day there was
still ice in it.

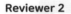

Reviewer 2 ★ ★ ★ ★ ★

I really love the design and it keeps my drinks
cold all day. But the inside gets dirty easily and
it is hard to clean. The price is too high for its
quality.

정답률 32.72%

Q1. What product are the reviews likely for?

(A) a mixer

(B) an ice tray

(C) a water bottle

(D) an ice-cream maker

정답률 43.10%

Q2. Why does Reviewer 2 NOT like the product?

(A) It is too small.

(B) It is not easy to clean.

(C) The design is not good.

(D) The outside gets dirty easily.

유형 6

광고문 / 브로셔 / 쿠폰

광고문/브로셔/쿠폰에서 필요한 정보를 찾아 질문에 답하는 유형이다.

광고하는 대상에 대한 유익한 정보를 전달하여 독자들의 관심을 끌어모으는 역할을 하는 광고문의 특성상 정보가 명확하게 제시되어 있으니 정답을 찾는 데에 필요한 정보를 찾아 내도록 하자.

세부사항을 묻는 질문 형태 ────────

What can people get for free?
사람들은 무엇을 무료로 받을 수 있는가?

Where can people use the coupon?
사람들은 쿠폰을 어디에 쓸 수 있는가?

What is true about this brochure?
이 브로셔에 대해 사실인 것은 무엇인가?

When can people get the Popcorn Combo for $5?
언제 5달러 팝콘 콤보를 받을 수 있는가?

When does the event take place?
이벤트는 언제 열리는가?

Q

Summer Wonderland Park
Special offer for Childeren's Day 2024

FREE KID'S TICKET
(for children under 12 years old)

**Please show the coupon at the enterance gate.
Can be used from July 25th to 28th**

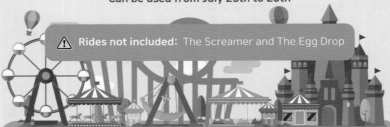

⚠ **Rides not included:** The Screamer and The Egg Drop

Q1. What is this coupon for?

(A) a free meal for kids

(B) a free ticket for kids

(C) a free ride for adults

(D) a free ticket for adults

Q2. When can this coupon be used?

(A) on July 27, 2024

(B) on July 29, 2024

(C) on July 25, 2025

(D) on July 26, 2025

Text. 여름 원더랜드 파크

2024년 어린이날 특별 할인

무료 어린이 표

(12세 미만 아동)

놀이공원 입구 게이트에서 쿠폰을 보여주세요

7월 25일부터 28일까지 사용할 수 있어요.

해당되지 않는 놀이기구: the Screamer, the Egg Drop

Q1. 이 쿠폰은 무엇을 위함인가?

(A) 아이들을 위한 무료 식사

(B) 아이들을 위한 무료 표

(C) 어른들을 위한 무료 놀이기구

(D) 어른들을 위한 무료 표

Q2. 이 쿠폰은 언제 사용할 수 있는가?

(A) 7월 27일 2024년에

(B) 7월 29일 2024년에

(C) 7월 25일 2025년에

(D) 7월 26일 2025년에

💬 풀이   정답 (B), (A)

Q1. 위 사진은 'Free Kid's Ticket'으로 2024년 어린이날을 맞아 발행한 무료입장 티켓 쿠폰임을 유추할 수 있다. 따라서 (B)가 정답이다.

Q2. 이 쿠폰은 2024년 7월 25일에서 28일 사이에 사용할 수 있으므로 (A)가 정답이다.

Aa 어휘

n	**ticket** 표	n	**entrance gate** 출입문	n	**special offer** 특가 판매
n	**coupon** 쿠폰	v	**include** 포함하다		

Q

Spring Walk Day

Saturday, April 23

Markham Arena Walking Track
240 John Street

6:30 AM – 6:30 PM

Come join us! See how far you can walk.

The farthest walkers will get a prize.
Have fun and stay healthy!

Q1. How long will the 'Walk Day' last?

(A) two hours

(B) six and a half hours

(C) twelve hours

(D) twenty-four hours

Q2. Who will get a prize?

(A) the fastest walkers

(B) the earliest walkers

(C) the farthest walkers

(D) the healthiest walkers

Text. 봄 걷는날/산책날

4월 23일 토요일

Markham Arena 산책로

240 John로

오전 6:30 - 오후 6:30

같이 해요! 얼마나 멀리 걸을 수 있는지 보세요.

가장 멀리 걸어간 사람들이 상품을 받습니다. 즐기고 건강하세요!

Q1. 'Walk Day'는 얼마나 오래 진행하는가?

(A) 2시간

(B) 6시간 30분

(C) 12시간

(D) 24시간

Q2. 누가 상품을 받는가?

(A) 가장 빨리 걷는 사람

(B) 가장 이르게 걷는 사람

(C) 가장 멀리 걷는 사람

(D) 가장 건강하게 걷는 사람

💬 풀이   정답 (C), (C)

Q1. 'Walk Day'는 오전 6:30에 시작하여 오후 6:30에 끝나므로 총 12시간이다. 따라서 (C)가 정답이다.

Q2. 공지 맨 아래에 "The farthest walkers will get a prize."가 있는 것으로 보아 가장 멀리 걷는 사람이 상품을 받으므로 (C)가 정답이다.

Aa 어휘

| n | spring | 봄 | v | walk | 걷다 | v | stay | 계속[그대로] 있다 |
| n | prize | 상품 | adj | far | 멀리 | adj | healthy | 건강한 |

Q

Come join us
at the opening of our new painting class!

Painting has many benefits including

❶ Stress relief
❷ Promoting creativity
❸ Promoting emotional growth

Healing Arts will provide all of the paint, brushes and canvases for free.
There is a class fee of $10. Snacks and drinks will be available for purchase.
Please arrive on time. Class will start at 7:30 P.M at 123 Painting St. Trenton, New Jersey.

We hope to see you there!

Q1. What will Healing Arts NOT provide?

(A) free paint

(B) free snacks

(C) free brushes

(D) free canvases

Q2. How much should you pay for the class?

(A) ten dollars

(B) twelve dollars

(C) twenty dollars

(D) twenty three dollars

Congratulations!

You've won 2 double cheese burgers for the price of one!
Show this coupon when you order to a double cheese burger
or double vegeterian cheeseburger and receive another one free!

Limit **only 1 coupon** per customer per visit.

Available until January 15th, 2025

정답률 80.71%

Q1. **What type of coupon is this?**

(A) 25% off

(B) free upgrade

(C) extra gift item

(D) buy one get one free

정답률 36.47%

Q2. **What can customers NOT do with this coupon?**

(A) buy four cheeseburgers at one time

(B) receive a discount until January 15th

(C) buy two cheeseburgers at a lower price

(D) get vegetarian burgers instead of beef ones

유형 7

기타 실용문

우리가 일상생활에서 접하는 다양한 범위의 글들이 출제되는 유형이다.

일상생활에서 자주 보게되는 익숙한 내용이므로 기본기를 갖춘다면 어렵지 않게 느껴질 것이다. 최근에 출제되었던 기타 실용문 중에서 메뉴판, 레시피, 목차, 티켓, 지도 등이 빈도가 높게 등장했다.

세부사항을 묻는 질문 형태

What is the cheapest drink?
가장 저렴한 음료는 무엇인가?

What can you buy with 3 dollars?
3달러로 무엇을 살 수 있는가?

What is true about to-go menu?
포장 메뉴에 대해 사실인 것은 무엇인가?

Which store is next to the bookstore?
서점 옆에 있는 상점은 어떤 것인가?

How much are a cheeseburger and French fries?
치즈버거 한 개와 감자 튀김은 얼마인가?

✅ **질문 속에서 키워드 찾아내기!**

질문 속 키워드를 통해 지문의 어느 부분에서 무엇을 찾아야 할지 알아낸 후 해당 정보를 지문에서 재빠르게 찾아낸다.

✅ **단서와 선택지를 비교하자!**

정답의 단서와 문제의 선택지들을 비교하며 가장 알맞은 답을 찾아낸다. 정답은 주로 Paraphrasing되어 같은 뜻을 가진 다른 표현으로 제시된다는 점도 알아두자.

✅ **실용문 형식 익히기!**

메뉴판, 레시피, 목차 등 자주 출제되는 실용문 형식을 익혀두면 문제를 더 수월하게 풀 수 있다.

지금부터 문제들을 살펴볼까요?

Q

Delicious Delhi

Main Dishes

		Rice	
Chicken Curry	$8	Plain Rice	$1
Mushroom Curry	$8	Fried Rice	$3
Beef Curry	$10	Green Bean Rice	$4
Shrimp Curry	$12		
Tandoori Chicken (wings/half/whole)	$9/8/15		

Naan

Plain Naan	$2
Garlic Naan	$3

Q1. Which vegan dish is available?

(A) Shrimp Curry

(B) Chicken Curry

(C) Mushroom Curry

(D) Green Bean Curry

Q2. If Suni has $10, what can she have at Delicious Delhi?

(A) Beef Curry + Fried Rice

(B) Chicken Curry + Plain Rice

(C) Shrimp Curry + Plain Naan

(D) Tandoori Chicken Wings + Garlic Naan

Text. **Delicious Delhi**

메인 요리	난
치킨 커리 $8	기본 난 $2
버섯 커리 $8	마늘 난 $3
소고기 커리 $10	**밥**
새우 커리 $12	흰밥 $1
탄두리 치킨(날개/반/전체) $9/8/15	볶음밥 $3 완두콩밥 $4

Q1. 비건 메뉴는 어떤 것이 있는가?

(A) 새우 커리

(B) 치킨 커리

(C) 버섯 커리

(D) 완두콩 커리

Q2. Suni에게 10달러가 있다면 Delicious Deli에서 먹을 수 있는 것은 무엇인가?

(A) 소고기 커리와 볶음밥

(B) 치킨 커리와 흰밥

(C) 새우 커리와 기본 난

(D) 탄두리 치킨윙과 갈릭 난

⊜ 풀이   정답 (C), (B)

Q1. 보기의 메뉴 중 고기가 들어가지 않은 음식은 (C)와 (D)이다. 둘 중 메뉴로 제공하는 것은 'Mushroom Curry'이므로 (C)가 정답이다.

Q2. 10달러로 8달러인 치킨 커리와 1달러인 흰밥을 시킬 수 있다. 따라서 (B)가 정답이다.

Aɑ 어휘

n	**mushroom**	버섯	n	**shrimp**	새우	n	**naan**	난 (인도·중앙 아시아의 빵)
n	**green bean**	완두콩	n	**chicken**	닭고기	adj	**plain**	보통의[평범한]
n	**vegan**	완전 채식주의자					

Q

University Union Concert Hall
Saturday, March 2nd, 2024 6 PM

Hall opens at 5 PM
No entry after 7 PM

ROW C   SEAT 15

ADMIT ONE

Q1. What time does the event start?

(A) 2 PM

(B) 5 PM

(C) 6 PM

(D) 7 PM

Q2. Which event is this ticket MOST likely for?

(A) an air show

(B) a soccer match

(C) a singing contest

(D) an aquarium show

Text. 대학 연합회 콘서트 홀

2024년 3월 2일 토요일 오후 6시

홀 입장 오후 5시

오후 7시 이후 입장 금지

C열 15번 좌석

한 명 입장 가능

Q1. 이벤트는 몇 시에 시작하는가?

(A) 오후 2시

(B) 오후 5시

(C) 오후 6시

(D) 오후 7시

Q2. 이 티켓은 어떤 이벤트에 가장 알맞는가?

(A) 에어쇼

(B) 축구경기

(C) 노래 경연 대회

(D) 아쿠아리움 쇼

💬 풀이   정답 (C), (C)

Q1. 이벤트 시작 일시는 2024년 3월 2일 토요일 오후 6시이다. 따라서 답은 (C)이다. 혼란을 위해 언급된 다른 시간들과 헷갈리지 않도록 주의해야 한다.

Q2. 콘서트홀에서 이벤트가 열리는 걸로 보아 노래 경연 대회인 것을 유추할 수 있다. 따라서 정답은 (C)이다.

Aa 어휘

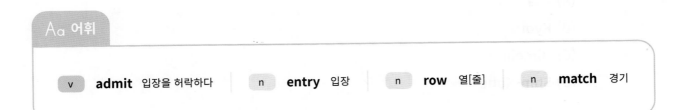

v **admit** 입장을 허락하다 | n **entry** 입장 | n **row** 열[줄] | n **match** 경기

Q

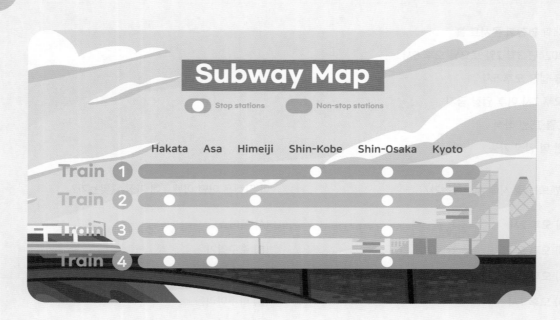

Q1. Which train goes from Hakata to Kyoto?

(A) Train 1

(B) Train 2

(C) Train 3

(D) Train 4

Q2. From which station can a passenger take Train 4 to Shin-Osaka?

(A) Asa

(B) Kyoto

(C) Himeiji

(D) Shin-Kobe

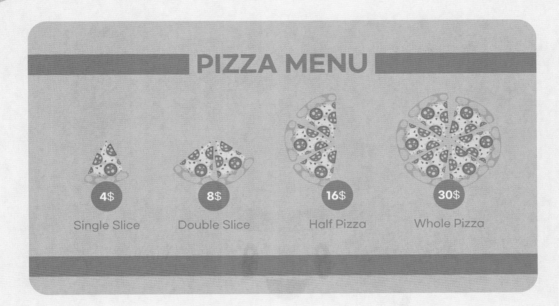

PIZZA MENU

4$ 8$ 16$ 30$

Single Slice   Double Slice   Half Pizza   Whole Pizza

정답률 94.37%

Q1. **Sue is at a pizzeria. She has 6 dollars. How many portions can she get?**

    (A) a single slice

    (B) a double slice

    (C) a half pizza

    (D) a whole pizza

정답률 70.61%

Q2. **How many options do they have?**

    (A) 4

    (B) 8

    (C) 16

    (D) 30

Part D General Reading and Retelling

Part D 유형설명

유형	세부 내용	문항 수
본문 읽고 질문에 답하기	1. 제목 찾기	총 지문 수 5개 지문 당 2개 문항
	2. 주제 찾기	
	3. 세부사항 찾기	
	4. 사실 확인	
총 4개 유형		총 10문항

DIRECTION

1   21-30번까지 총 10문항으로 구성됩니다.

2   한 지문에 두 개의 질문이 나오는데, 총 지문 수는 5개이고, 총 문제 수는 10개입니다.

3   지문은 이야기, 우화, 일기, 묘사문 등이 등장합니다.

Part D 는 이렇게 준비하자!

❶ Skimming과 Scanning 기술 익히기

비교적 긴 글을 효과적으로 읽기 위해서 skimming과 scanning 기술이 필요하다. skimming은 글의 제목, 주제 등을 알기 위해 글의 전체 내용을 파악하는 읽기 기술이고, scanning은 글을 필요한 정보만을 선택해서 읽는 것을 말한다.

❷ Paraphrasing(말바꾸기)하여 답 찾기

Paraphrasing이란 같은 뜻의 말을 표현만 바꾸어 말하는 것이다. Part D의 정답은 지문에 나온 그대로 선택지에 나오기도 하지만 Paraphrasing되어 나오기도 한다. 따라서 하나의 단어나 표현을 어떻게 바꾸어 사용할 수 있는지 알아야 한다.
다음은 Paraphrasing의 예이다.

> ### Example
>
> **STEP 1**
>
> Q. **What did James's family do for the food waste challenge?**
> James의 가족들은 음식물 쓰레기 줄이기 도전에서 무엇을 했는가?
>
> **STEP 2**
>
> **They made grocery lists.** → 지문 속 단서
> 그들은 식료품 목록을 만들었다.
>
> **STEP 3**
>
> (A) plan who would cook
> (B) use more plastic bags
> (C) give leftovers to neighbors
> (D) write down what food to buy → 선택지에서 Paraphrasing 한 정답

VOCA

adj	**empty**	비어 있는	v	**shepherd**	양치기
n	**racket**	(테니스 등의) 라켓	n	**mutton**	양고기
adj	**cursed**	저주받은	n	**paddle**	노
n	**zest**	껍질	n	**peanut**	땅콩
n	**sibling**	형제/자매	adv	**instead**	대신에
n	**construction**	건설	n	**exercise**	운동
v	**muscle**	근육	n	**desert**	사막
n	**mood**	기분	adj	**mental**	정신의

유형 1

글의 전체적인 내용을 파악하여 글의 제목을 찾아내는 유형이다.

글의 전반에 걸쳐 중심 소재를 파악하는 것이 가장 중요하다. 하지만 글의 중간이나 마지막 부분에 이야기의 반전이 있을 수 있으니 주의하여야 한다. Skimming 기술이 반드시 필요한 유형이기도 하다.

제목을 묻는 질문 형태

What is the best title of this story?
이야기의 제목으로 가장 적절한 것은 무엇인가?

What could be the best title of this story?
이야기의 제목으로 가장 적절한 것은 무엇인가?

What would be the best title for the story?
이야기의 제목으로 가장 적절한 것은 무엇인가?

What is the best title for this passage?
지문의 제목으로 가장 적절한 것은 무엇인가?

What is the best title of the text above?
윗글의 제목으로 가장 적절한 것은 무엇인가?

학습 · 전략

✓ 글의 중심 소재 파악하기!
자주 등장하는 어휘나 그와 비슷한 어휘를 통해 글의 **중심 소재**를 먼저 파악해 표시한다.

✓ 반전 유의하기!
글의 중간이나 결말 부분에 대비를 드러내는 **'However'**, **'but'**, 또는 **'On the contrary'** 등이 있다면 반드시 뒷 부분의 내용을 확인해야 한다.

✓ 중요한 문장 지문에 표시하기!
지문을 읽으면서 **중심 문장과 뒷받침 문장**을 연필로 표시해두면 문제를 풀 때 도움이 된다.

지금부터 문제들을 살펴볼까요?

Q

A mouse was very hungry. He couldn't find food for a long time. He grew very thin. One day he found a big basket full of corn. The basket had a very small hole. He crept in through the hole and started eating the corn. He kept eating the corn and became very big. He couldn't climb out of the basket.

Q1. What would be the best title for the story?

    (A) Empty Baskets
    (B) A Smart Choice
    (C) Climbing Games
    (D) A Hungry Mouse

Q2. Why couldn't the mouse climb out of the basket?

    (A) because the lid was closed
    (B) because the basket was too big
    (C) because the basket was too full
    (D) because the hole was too small for him

🔊 해석   Text & Question

Text. 쥐 한 마리는 굉장히 배가 고팠다. 그는 오랫동안 음식을 찾지 못했다. 그는 수척해졌다. 어느 날 옥수수로 가득 찬 큰 바구니 하나를 발견했다. 바구니는 아주 작은 구멍이 있었다. 그는 구멍으로 몰래 기어들어가서 옥수수를 먹기 시작했다. 그는 계속해서 옥수수를 먹었고 아주 커졌다. 그는 바구니에서 기어 나오지 못했다.

Q1. 이야기의 가장 알맞는 제목은 무엇인가?

(A) 빈바구니

(B) 현명한 결정

(C) 오르는 게임

(D) 배고픈 쥐

Q2. 쥐는 왜 바구니를 기어나오지 못했을까?

(A) 뚜껑이 닫혀서

(B) 바구니가 너무 커서

(C) 바구니가 꽉 차서

(D) 구멍이 너무 작아서

💬 풀이   정답 (D), (D)

Q1. 본문의 첫문장 "A mouse was very hungry."를 통해 배고픈 쥐에 대한 언급으로 시작하며 본문의 내용 또한 쥐가 배고파서 어떤 행위를 했는지에 관하여 설명하고 있으므로 (D)가 정답이다.

Q2. "He kept eating the corn and became very big."의 문장을 통해 몸집이 커져서 구멍에 몸이 맞지 않아 나오지 못했음을 유추할 수 있다. 따라서 (D)가 정답이다.

Aa 어휘

adj	**hungry**	배고픈	adj	**smart**	영리한	phr	**creep in**	몰래 기어들다
n	**basket**	바구니	n	**choice**	결정	phr	**grow thin**	수척해지다
n	**corn**	옥수수	adj	**full**	가득찬	phr	**climb out**	기어나오다
n	**lid**	뚜껑	n	**hole**	구멍			

Basic Reading & Writing   197

Q

Many sports use balls. Soccer players use their feet to kick the ball. Basketball and volleyball players use their hands to throw balls. Golf and hockey players hit the ball with sticks. Tennis players hit the ball with their rackets. Each sport has different rules. But playing ball together is always fun.

Q1. What is the best title for this passage?

(A) Balls and Sticks

(B) Balls and Sports

(C) Sports and Exercises

(D) Sports and Their Players

Q2. Which sport is NOT mentioned in the passage?

(A) tennis

(B) soccer

(C) hockey

(D) badminton

◁)) 해석

Text. 많은 스포츠는 공을 사용한다. 축구 선수들은 공을 차는데 그들의 발을 사용한다. 농구와 배구 선수들은 공을 던질 때 손을 사용한다. 골프와 하키 선수들은 공을 채로 친다. 테니스 선수들은 라켓으로 공을 친다. 각 스포츠는 다른 규칙이 있다. 하지만 같이 공놀이하는 것은 언제나 재미있다.

Q1. 글의 제목으로 가장 적절한 것은?

(A) 공들과 막대기들

(B) 공들과 스포츠

(C) 스포츠와 운동

(D) 스포츠와 선수들

Q2. 글에서 언급되지 않은 스포츠는?

(A) 테니스

(B) 축구

(C) 하키

(D) 배드민턴

⊜ 풀이 정답 (B), (D)

Q1. 본문의 내용은 공을 다양한 방법으로 사용하는 스포츠에 대해 설명하고 있으므로 (B)가 정답이다.

Q2. 본문에서 언급되지 않은 운동은 배드민턴으로 (D)가 정답이다.

Aa 어휘

n	**sports**	스포츠	n	**golf**	골프	n	**player**	선수
n	**ball**	공	v	**kick**	차다	n	**stick**	막대기
n	**hockey**	하키	v	**throw**	던지다	n	**rule**	규칙
n	**volleyball**	배구	v	**hit**	때리다[치다]	n	**racket**	라켓

Q

Everyone knows about turtles. But what about tortoises? Turtles and tortoises are different. Turtles can go in water and on land. But they mostly stay in water. Their feet are like paddles. The paddles help them swim. Tortoises live on land. They can't swim. They have short feet. A turtle's shell is flat but a tortoise's shell looks like a dome.

Q1. What is the best title for this passage?

(A) Raising Turtles and Tortoises
(B) Famous Turtles and Tortoises
(C) Favorite Foods of Turtles and Tortoises
(D) Differences between Turtles and Tortoises

Q2. According to the passage, what is true about turtles and tortoises?

(A) Turtles cannot swim.
(B) Tortoises can swim very fast.
(C) Turtles can stay in water and on land.
(D) Tortoise shells are flatter than turtle shells.

Jane went to the beach with her family. The first thing she did was changing into her swimsuit and going swimming. Swimming in the ocean feels different from swimming in the pool. Then, she took a rest under a parasol and ate ice cream. After that, she made a sandcastle with her brother.

Q1. What is the best title for this passage?

(A) Jane's little brother
(B) Jane's favorite sport
(C) Jane's day at the beach
(D) Jane's trip to the mountains

Q2. According to the passage, what is true about Jane?

(A) She ate watermelon.
(B) She swam in the pool.
(C) She built a sandcastle.
(D) She played with a ball.

유형 2
주제 찾기

글의 전체적인 내용을 파악하여 글의 주제를 찾아내는 유형이다.

글의 전반에 걸쳐 중심 소재를 파악하면서 이야기를 요약해 나가는 것이 주제를 찾는
방법이다. 글의 중간이나 마지막 부분에 이야기의 반전이 있을 수 있으니 주의하여야 한다.
Skimming 기술이 반드시 필요한 유형이기도 하다.

주제를 묻는 질문 형태

What is the main idea of the passage?
지문의 주제로 가장 적절한 것은 무엇인가?

What is the article mainly about?
이 글은 주로 어떤 것을 다루고 있는가?

What is the purpose of the passage?
이 지문의 목적은 무엇인가?

What is the writer trying to convey?
글쓴이는 무엇을 전달하려고 하는가?

What is the writer's concern in this passage?
글쓴이의 요지는 무엇인가?

Q

A turtle was invited to a witch's birthday party, but the turtle did not go. As the witch was angry, she put a curse on him so that he could not move freely. One day, the turtle wanted to travel so his friend carried him up to a tree to see the world. When the turtle saw a sunset on a tree with his dear friend, the spell was lifted.

Q1. What is the main idea of the passage?

(A) The Witch's Tree
(B) The Cursed Turtle
(C) The Turtle's Travels
(D) The Witch's Birthday Party

Q2. According to the passage, why was the witch angry?

(A) The turtle climbed a tree.
(B) The turtle fell on the ground.
(C) The turtle did not travel with the witch.
(D) The turtle did not go to the witch's birthday party.

Text. 거북이는 마녀의 생일파티에 초대 받았지만 가지 않았다. 마녀는 화가 나서 그에게 저주를 걸어 자유롭게 움직이지 못하게 만들었다. 어느 날, 거북이는 여행이 가고 싶어졌고 그가 세상을 볼 수 있도록 한 친구가 그를 나무 위로 들어 올려주었다. 그의 좋은 친구와 나무에서 석양을 볼 때 그 저주는 풀어졌다.

Q1. 본문의 주제로 알맞은 것은 무엇인가?

(A) 마녀의 나무

(B) 저주받은 거북이

(C) 거북이의 여행

(D) 마녀의 생일파티

Q2. 본문에 의하면, 마녀가 화난 이유는 무엇인가?

(A) 거북이가 나무를 올랐다.

(B) 거북이가 땅에 떨어졌다.

(C) 거북이가 마녀와 함께 여행을 가지 않았다.

(D) 거북이가 마녀의 생일파티에 가지 않았다.

💬 풀이　　정답 (B), (D)

Q1. 본문의 내용은 마녀의 생일파티에 참여하지 않아 저주 받은 거북이에 대한 내용으로 가장 적절한 주제는 (B)가 정답이다.

Q2. "The turtle did not go."문장 바로 뒤에 마녀가 화가 나서 거북이를 저주했다는 내용이 나온 것으로 보아 거북이가 마녀의 생일파티에 참석하지 않아 마녀가 화가 났음을 유추할 수 있다. 따라서 (D)가 정답이다.

Aa 어휘

n	turtle	거북이	adv	freely	자유롭게	adj	dear	소중한
v	invite	초대하다	v	travel	여행하다	phr	put a curse	저주하다
n	witch	마녀	adv	finally	마침내	v	climb	오르다
adj	angry	화난	v	climb	오르다	v	lift	풀다[해제하다]

Q

Madeleine is one of the most beloved desserts. It is a small sponge cake with a shell-like shape. A common recipe includes flour, sugar, almond powder and lemon zest. There are also flavored madeleines, such as berries or green tea. Some people dip madeleines into melted chocolate or add nuts inside.

Q1. What is the main idea of the passage?

(A) history of madeleine
(B) why madeleine is beloved
(C) how people enjoy madeleine
(D) popular desserts in the world

Q2. According to the passage, what is true about madeleine?

(A) Adding lemon zest is common.
(B) It is only enjoyed by one flavor.
(C) Green tea flavor is the most popular.
(D) Flavored madeleines have different shapes.

🔊 해석   Text & Question

Text.   마들렌은 가장 사랑받는 디저트 중 하나이다. 그것은 조개 모양의 작은 스펀지 케익이다. 대중적인 요리법에는 밀가루, 설탕, 아몬드 가루, 레몬 껍질이 포함되어 있다. 베리나 녹차 같은 맛을 첨가한 마들렌도 있다. 어떤 사람들은 마들렌을 녹은 초콜릿에 적시거나 안에 견과류를 넣는다.

Q1. 본문의 주제로 알맞은 것은?

(A) 마들렌의 역사

(B) 마들렌이 사랑받는 이유

(C) 사람들이 어떻게 마들렌을 즐기는지

(D) 세계의 유명한 디저트들

Q2. 본문에 의하면 마들렌에 대한 설명으로 알맞은 것은?

(A) 레몬 껍질을 넣는 것은 흔하다.

(B) 하나의 맛으로만 즐긴다.

(C) 녹차맛이 가장 유명하다.

(D) 맛이 첨가된 마들렌은 다양한 모양이다.

💬 풀이   정답 (C), (A)

Q1. 본문의 내용은 마들렌을 즐기는 방법으로, 일반적인 방법을 언급한 뒤 맛을 첨가하는 방법과 초콜릿이나 견과류를 곁들이는 방법 등을 열거하고 있으므로 (C)가 정답이다.

Q2. "A common recipe includes flour, sugar, almond powder and lemon zest."이라는 문장을 통해 레몬 껍질이 흔한 재료인 것을 알 수 있다. 따라서 (A)가 정답이다.

Aa 어휘

n	**madeleine**	마들렌	adj	**common**	대중적인	n	**lemon zest**	레몬 껍질
adj	**beloved**	사랑받는	n	**recipe**	요리법	adj	**flavored**	맛이 첨가된
n	**dessert**	디저트	n	**flour**	밀가루	adj	**popular**	유명한
adj	**shell-like**	조개 껍질같은	n	**sugar**	설탕	v	**enjoy**	즐기다

Q

Brandy went shopping for a bike, because her old one was broken. This time, she wanted to buy a one with strong handles. At the shop, she found the one she liked. But it was so expensive that she could not afford it. Then she found a discount tag on the bike. Luckily, she could buy it at half price.

Q1. What is the main idea of the passage?

(A) Brandy's bike is broken.

(B) Brandy buys a new bike.

(C) Brandy wants to fix the bike.

(D) Brandy's bike is too expensive.

Q2. Why did Brandy shop for a new bike?

(A) Because it was on sale.

(B) Because it was sold out.

(C) Because she broke the one she had.

(D) Because she wanted a different color.

Christina got a new dog for her birthday. Christina has been asking for a dog since she was five years old. This was her eighth birthday. She was so happy that she screamed. Her dog is brown with white spots. It has short ears and a long tail. Christina named it Cookie. She plays with it every day.

Q1. What is the main idea of the passage?

(A) Christina's old pet
(B) Christina's new dog
(C) Christina's cookie jar
(D) Christina's fifth birthday

Q2. How old is Christina turning?

(A) five years old
(B) six years old
(C) seven years old
(D) eight years old

유형 3

글의 세부적인 내용을 잘 파악했는지 묻는 유형이다.

When(언제), Where(어디서), How(어떻게), Why(왜), Who(누가) 등 여러가지 의문사를 사용하여 질문을 하고, 질문의 키워드를 통해 꼭 찾아야 하는 세부 정보를 선택적으로 골라가며 읽어야 한다. Scanning 기술이 반드시 필요한 유형이기도 하다.

세부사항을 묻는 질문 형태

What problem does Alan have?
Alan이 가지고 있는 문제는 무엇인가?

Who wanted to cross the bridge first?
누가 첫 번째로 다리를 건너고 싶어 했는가?

When was the building built?
건물은 언제 지어졌는가?

Where did Jason find the bird?
Jason은 어디서 새를 찾았는가?

How does Alejandro sleep?
Alejandro는 어떻게 자는가?

✓ 키워드 파악하기!

질문에서 키워드를 찾아내고, 키워드를 중심으로 찾아야 할 정보를
지문에서 재빠르게 찾아낸다.

✓ 꼼꼼히 대조하기!

키워드를 중심으로 정보를 찾았다면 4개의 선택지 순서대로 하나씩
대조해가며 정답을 찾아낸다.

✓ Paraphrasing 유의하기!

정답은 지문에 나온 그대로 선택지에 제시되기도 하지만 대부분의 경우
Paraphrasing 되어 다른 표현으로 바꾸어 제시하는 경우가 많다는 것을
잊지말자.

지금부터 문제들을 살펴볼까요?

Q

Laura is an only child. She doesn't have brothers or sisters. But she has a lot of cousins. It is always fun around them. She plays with them. She chats with them. Her cousins are her best friends. But she can't meet them every day. Laura wants to have siblings. Then she will not be lonely at home.

Q1. **What does Laura usually do with her cousins?**

    (A) make fun of them

    (B) try to make friends

    (C) meet them everyday

    (D) talk and play with them

Q2. **Why does Laura want to have siblings?**

    (A) She only has a sister.

    (B) She is lonely at home.

    (C) She doesn't like her cousins.

    (D) She likes cute babies

Text. Laura는 외동딸이다. 그녀는 형제나 자매가 없다. 하지만 그녀는 많은 사촌들이 있다. 그들 주변에 있으면 언제나 재미있다. 그녀는 그들과 같이 논다. 그녀는 그들과 같이 수다를 떤다. 그녀의 사촌들은 그녀의 가장 친한 친구이다. 하지만 그녀는 그들을 매일 만날 수 없다. Laura는 형제자매를 원한다. 그러면 그녀가 집에서 외롭지 않을 것이다.

Q1. Laura는 사촌들과 주로 무엇을 하는가?

　(A) 그들을 놀리기

　(B) 친구 만들기

　(C) 매일 그들 만나기

　(D) 그들과 말하고 놀기

Q2. Laura는 왜 형제자매를 원하는가?

　(A) 그녀는 언니/여동생 밖에 없다.

　(B) 그녀는 집에서 외롭다.

　(C) 그녀는 그녀의 사촌들이 싫다.

　(D) 그녀는 귀여운 아기를 좋아한다.

💬 풀이　　정답 (D), (B)

Q1. "She plays with them. She chats with them." 에서 'them'이 'cousins'을 의미하므로 (D)가 정답이다.

Q2. "Laura wants to have siblings. Then she will not be lonely at home." 의 문장을 통해 현재 형제자매가 없기 때문에 외롭다는 사실을 유추할 수 있다. 따라서 (B)가 정답이다.

Aa 어휘

phr	**only child**	외동	v	**chat**	수다를 떨다	phr	**make friends** 친구들을 사귀다
n	**cousin**	사촌	n	**sibling**	형제자매	phr	**best friend** 가장 친한 친구
v	**meet**	만나다	adj	**lonely**	외로운	phr	**make fun of** 놀리다

Q

Burj Khalifa is the world's tallest building. It was built in Dubai, United Arab Emirates. It took 5 years and 6 months to build it. The tower opened on January 4th, 2010. The tower is 828 meters tall. It has 163 floors. The second tallest building in the world is Tapei 101 in Taiwan. It is 509 meters tall and has 101 floors.

Q1. How tall is Burj Khalifa?

(A) 101 meters
(B) 163 meters
(C) 509 meters
(D) 828 meters

Q2. When was Burj Khalifa started to built?

(A) in 2004
(B) in 2006
(C) in 2008
(D) in 2010

해석 Text & Question

Text. Burj Khalifa 는 이 세상에서 가장 높은 빌딩이다. 그것은 두바이 아랍 에미리트 연합국에 지어졌다. 그것을 짓는데 5년 6개월이 걸렸다. 타워는 2010년 1월 4일에 개장되었다. 타워는 828미터이고 163개의 층이 있다. 두 번째로 높은 건물은 대만에 있는 타이페이 101이다. 그것은 509 미터이고 101개의 층이 있다.

Q1. Burj Khalifa의 높이는 얼마인가?

(A) 101 미터

(B) 163 미터

(C) 509 미터

(D) 828 미터

Q2. Burj Khalifa 착공일이 언제인가?

(A) 2004년

(B) 2006년

(C) 2008년

(D) 2010년

풀이 정답 (D), (A)

Q1. "The tower is 828 meters tall."의 문장으로 (D)가 정답이다.

Q2. "It took 5 years and 6 months to build it." 지어지는 데에 5년 6개월이라는 시간이 소요 되었으므로 2010년 1월 4일을 기준으로 계산해보면 2004년에 짓기 시작했으므로 (A)가 정답이다.

Aa 어휘

v	**build**	짓다	phr	**start to build**	착공하다	
v	**open**	개장하다	adj	**tall**	키가 ~인	
n	**floor**	층				
n	**meter**	[단위] 미터				
v	**take**	[시간] ~시간이 소요되다				

Q

A monkey found some peanuts in a bottle. He put his hand inside and grabbed the peanuts. However, he could not pull out his hand. The peanuts made his hand too big. He would not let go of the peanuts. Instead, he walked around everywhere with the bottle and asked for help. His friends laughed and did not help him.

Q1. Where did the monkey find the peanuts?

(A) in a bag
(B) in a bottle
(C) under a tree
(D) behind the couch

Q2. Why did monkey's friends laugh at him?

(A) His hair had many knots in it.
(B) He told them a very funny joke.
(C) He would not take his hand out of the bottle.
(D) He got in trouble by the teacher during class.

Julie is visiting an amusement park for the third time. The first two times she came with her family. However, this time, she came with her friends. Julie's favorite ride is a big and scary rollercoaster. Julie loves rollercoasters. She also likes riding bumper cars. The last ride, she goes on, is a Ferris wheel.

Q1. Who did Julie come to the amusement park with this time?

(A) her class
(B) her family
(C) her friends
(D) her cousins

Q2. What is Julie's favorite ride?

(A) Ferris wheel
(B) roller coaster
(C) bumper cars
(D) merry-go-round

유형 4

지문에 대해 또는 주어진 것에 대해 사실인 것과 사실이 아닌 것을 찾는 문제이다.

질문에 'true, mention, NOT' 등이 등장하는 것이 특징이며 글의 세부 사항들에 대해 꼼꼼히 파악하고 주어진 선택지와 비교하여 답을 골라야 한다.

사실 확인을 하는 질문 형태

According to the passage, what is true?
본문에 언급된 내용으로 알맞은 것은 무엇인가?

What is true about Nikki?
Nikki에 대해 알맞는 것은 무엇인가?

Which is mentioned about Vu?
Vu에 대해 언급된 내용으로 알맞은 것은 무엇인가?

What is NOT mentioned in the recipe?
레시피에서 언급되지 않은 내용은 무엇인가?

Who is NOT in a Girl Scout?
걸스카우트가 아닌 사람은 누구인가?

✅ 질문과 선택지를 먼저 확인하기!

전체 지문에 관해 사실인 것과 아닌 것(True/NOT True) 또는 언급된 것과 아닌 것(Mention/NOT mention) 을 찾는 문제는 먼저 질문과 선택지를 읽는 것이 도움이 된다.

✅ 지문과 선택지 대조하기!

그 다음 지문으로 가서 보기에 있는 정보를 하나씩 대조하며 정답을 찾아 나가는 것이 포인트다.

✅ 선택지 읽으며 표시하기!

지문과 선택지를 비교하고 대조하는 과정에서 사실인 부분과 사실이 아닌 부분에 바로 표시를 해두는 것이 좋다.

지금부터 문제들을 살펴볼까요?

Q

Getting good exercise every day is very important for children. Exercise is good for both the body and the mind. It makes the bones and muscles stronger. Children who exercise get sick less often. It also makes children happy because they can have fun when they exercise.

Q1. According to the passage, what is true?

(A) Children get tired and sick by exercising.

(B) Exercising every day is beneficial for adults.

(C) Children who get more exercise can be happier.

(D) Exercise does not make a difference to the bodies of children.

Q2. What is NOT mentioned about exercising?

(A) Exercise keeps good mood.

(B) Exercise helps losing weight.

(C) Exercise makes bones and muscles stronger.

(D) Exercise is good for both physical and mental health.

◁» 해석

Text. 매일 운동하는 것은 어린이에게 중요하다. 운동은 몸과 정신에 둘다 좋다. 운동은 뼈와 근육을 더 강하게 만든다. 운동하는 어린이는 덜 자주 아프다. 또한 그것은 어린이를 행복하게 만들어준다. 왜냐하면 그들은 운동하면 재미있어하기 때문이다.

Q1. 본문에 언급된 내용으로 알맞은 것은?

(A) 어린이들은 운동하면 피곤하고 몸이 아프다.

(B) 매일 운동하는 것은 어른들에게 이롭다.

(C) 운동을 더 많이 하는 어린이들은 더 행복하다.

(D) 운동은 아이들 몸에 변화를 만들지 않는다.

Q2. 운동에 대해 언급되지 않은 내용은?

(A) 운동은 좋은 기분을 유지하게 한다.

(B) 운동은 살을 뺄 수 있게 도와준다.

(C) 운동은 뼈와 근육을 더 강하게 만든다.

(D) 운동은 육체적, 정신적 건강에 좋다.

⊜ 풀이 정답 (C), (B)

Q1. "It also makes children happy."라는 문장을 통해 운동은 어린이들을 행복하게 만들어 준다는 사실을 알 수 있으므로 (C)가 정답이다.

Q2. 본문의 내용에서 언급되지 않은 답을 찾는 문제로 보기의 내용을 본문에서 다 찾아야 한다. (A)는 "It also makes children happy." 언급하였고 (C)는 "It makes the bones and muscles stronger."에서 언급하였으며 (D)는 "Exercise is good for both the body and the mind."에서 언급하였다. 보기 중 언급되지 않은 문장인 (B)가 정답이다.

Aa 어휘

n	exercise	운동	n	body	몸	adj	sick	아픈
adj	important	중요한	n	mind	정신	adj	tired	피곤한
n	children	어린이들	n	bone	뼈	adj	beneficial	유익한
phr	good for	~에 좋다	n	muscle	근육	n	difference	차이

Q

Kiru travelled to an Australian desert. During the day, the weather was very hot and dry. He thought he could wear shorts and a tank top. But he had to be all covered up. He was surprised. And then, the desert got very cold at night! He slept in a tent and made a campfire. The trip was very fun.

Q1. According to the passage, what is true about the Australian desert?

(A) humid and hot

(B) hot and dry all day

(C) partly cloudy with strong wind

(D) cold with low humidity at night

Q2. What did Kiru most likely NOT wear on this trip?

(A) sunglasses

(B) a hat and gloves

(C) a long-sleeved shirt

(D) a tank top and shorts

🔊 해석   Text & Question

Text.   Kiru는 호주 사막으로 여행을 갔다. 낮에는 날씨가 굉장히 덥고 건조했다. 그는 그가 짧은 바지와 민소매를 입을 수 있다고 생각했다. 하지만 몸을 다 감싸야 했다. 그는 놀랐다. 그리고 사막은 밤에 굉장히 추워졌다. 그는 텐트 안에서 자고 캠프 파이어를 만들었다. 여행은 재미있었다.

Q1.   본문에 따르면 호주 사막에 대한 알맞은 설명은 무엇인가?

(A) 덥고 습하다

(B) 하루종일 덥고 건조하다

(C) 약간 흐리고 강풍이 불다

(D) 밤에는 춥고 건조하다

Q2.   Kiru가 이번 여행에서 입지 않았을 것은 무엇인가?

(A) 선글라스

(B) 모자와 장갑

(C) 긴팔 셔츠

(D) 민소매와 짧은 바지

💬 풀이   정답 (D), (D)

Q1.   "And then, the desert got very cold at night!"의 문장을 통해 정답이 (D)임을 알 수 있다.

Q2.   "He thought he could wear shorts and a tank top. But he had to be all covered up."의 문장에서 너무 더운 사막의 날씨 때문에 민소매와 짧은 바지를 입어야 한다고 생각했지만 이와 반대로 몸을 감싸는 옷을 입어야 했기 때문에 (D)가 정답이다.

Aa 어휘

n	**desert**	사막	v	**surprised**	놀란	phr	**cover up**	옷을 껴입다
n	**shorts**	반바지	n	**campfire**	모닥불	adj	**long-sleeved**	긴소매의
adj	**dry**	건조한	n	**weather**	날씨	phr	**tank top**	민소매
adj	**humid**	습한	adj	**cloudy**	흐린	n	**humidity**	습도

유형 4 본문 읽고 질문에 답하기

Q

Larry, Greg, and Mike want to start a band. Larry plays the guitar, Greg plays the piano, and Mike plays the drums. They are looking for a singer. They need someone with a good voice and good looks. They think a girl would be the best. They will ask all of their friends tomorrow to help them find someone to fit in their band.

Q1. Which is NOT in the boy's band right now?

(A) vocalist

(B) pianist

(C) guitarist

(D) drummer

Q2. What kind of singer are the boys NOT looking for?

(A) a boy

(B) a girl

(C) someone looking good

(D) someone who sings well

A wolf could not get enough food to eat because the shepherds were always watching. One day, he found a sheep skin that had been forgotten. The next day, he dressed as a sheep. He wanted to lay his hand on a sheep. However, the shepherd decided to have mutton soup for lunch, and ended up killing the wolf.

Q1. According to the passage, what is true?

    (A) The wolf was very hungry.
    (B) The wolf was killed by a lion.
    (C) The wolf killed the shepherd.
    (D) The wolf dressed up as a shepherd.

Q2. What is NOT true about the wolf?

    (A) He dressed as a sheep.
    (B) He found some sheep skin.
    (C) He was killed by the shepherd.
    (D) He ended up eating many sheep.

Appendix

A

activity	n. 활동
afford	v. 감당하다
again	adv. 다시
all of a sudden	갑자기
allow	v. 허락하다
amusement park	n. 놀이공원
angry	adj. 화난
animal	n. 동물
arm	n. 팔
autograph	n. (유명인의) 사인
available	adj. 가능한, 이용할 수 있는

B

baby	n. 아기
band	n. 밴드, 악단
baseball	n. 야구
beach	n. 해변가
begin	v. 시작하다
behind	prep. 뒤에
bestseller	n. 베스트셀러
bike	n. 자전거

birthday	n. 생일
book	n. 책
bookmark	n. 책갈피
break into a house	집에 침입하다
broken	adj. 고장난
brother	n. 형제
brush	n. 붓
bumper car	n. 범퍼카
buy	v. 구매하다

C

can	n. 통조림, 깡통
cane	n. 지팡이
canvas	n. 캔버스
celebrate	v. 기념하다, 축하하다
cello	n. 첼로
cellphone	n. 핸드폰
central bank	n. 중앙은행
chalk	n. 분필
chalkboard	n. 칠판
change	v. 갈아입다
chicken	n. 닭

child	n. 어린이		dog	n. 개
chocolate	n. 초콜릿		doll	n. 인형
city	n. 도시		drum	n. 드럼
class	n. 학급		**E**	
clear	adj. 투명한, 분명한		earphone	n. 이어폰
clock	n. 시계		easily	adv. 쉽게
color	n. 색		eat	v. 먹다
comb	v. 머리빗다		eggshell	n. 달걀 껍질
couch	n. 소파		emotional	adj. 정서의, 감정의
coupon	n. 쿠폰		empty	adj. 비어있는
cousin	n. 사촌		expensive	adj. 비싼
craft	n. 공예		experiment	n. 실험
creativity	n. 창의성		**F**	
cross	v. 건너다		famous	adj. 유명한
crowded	adj. 붐비는		fat	adj. 뚱뚱한
cute	adj. 귀여운		favorite	adj. 가장 좋아하는
cutely	adv. 귀엽게		fee	n. 요금, 비용
cuteness	n. 귀여움		Ferris wheel	n. 대관람차
D			field	n. 들판
December	n. 12월		find	v. (우연히) 찾다
difference	n. 차이점		fit in	어울리다

flat	adj. 납작한	hardness	n. 단단함
flour	n. 밀가루	have	v. 가지다
flower bed	n. 화단	healthful	adj. 건강에 좋은
food coloring	n. 식용색소	healthiness	n. 건강함
for many days	여러 날 동안	healthy	adj. 건강한
French	n. 프랑스어	help	v. 돕다
front door	n. 정문	history	n. 역사
G		homework	n. 숙제
garden	n. 정원	human	n. 인간
gently	adv. 부드럽게	hungry	n. 배고픈
get in a car	차에 타다	**I**	
go for a walk	산책하다	ice	n. 얼음
groceries	n. 식료품류	ice cream	n. 아이스크림
growth	n. 성장	ice tray	n. 제빙 그릇
guitar	n. 기타	icy	adj. 얼음같이 찬
H		idiom	n. 관용구, 숙어
half	n. 반	Internet	n. 인터넷
handle	n. 손잡이	**J**	
hard	adj. 어려운, 열심히, 딱딱한	jar	n. 병
harden	v. 굳다	job	n. 직업
hardly	adv. 거의 ~아니다	join	v. 합류하다

joke	n. 농담

knot	n. 매듭
know	v. 알다

lap	n. 무릎
last	adj. 마지막의
laugh at	비웃다
leave	v. 떠나다
leg	n. 다리
lesson	n. 레슨
library	n. 도서관
like	v. 좋아하다
limit	n. 제한
lion	n. 사자
live	v. 살다
long time ago	오래전에
look	n. 용모, 외모, 인상
lose	v. 잃어버리다
loudly	adv. 시끄럽게
luckily	adv. 운이 좋게도, 다행히

math	n. 수학
meet	v. 만나다
merry-go-round	n. 회전목마
Mexico	n. 멕시코
milk	n. 우유
mine	pron. 나의 것
mirror	n. 거울
mixer	n. 믹서기
morning	n. 아침
mountain	n. 산
move	v. 이사하다, 이동하다
movie	n. 영화
museum	n. 박물관
music	n. 음악
mutton	n. 양고기

name	n. 이름
need	v. 필요하다
new	adj. 새로운
newly	adv. 새롭게

newness	n. 새로움		portion	n. 부분, 1인분
news	n. 소식, 뉴스		pot	n. 냄비
notebook	n. 공책		price	n. 가격
November	n. 11월		promote	v. 촉진하다

O

old	adj. 늙은		publish	v. 출판하다, 발행하다
Olympic	n. 올림픽		puppy	n. 강아지
on sale	할인중인, 판매되는		purchase	v. 구입하다
outdoor	adj. 야외의		purple	n. 보라색

P

Q

painting	n. 그림 그리기		quality	n. 품질
parasol	n. 파라솔		quick	adj. 빠른
parents	n. 부모님		quicken	v. 빨라지다
passenger	n. 승객		quickly	adv. 빨리
pencil	n. 연필		quickness	n. 빠름
people	n. 사람들		quietly	adv. 조용하게
pet	n. 반려동물		quote	n. 인용구

R

piano	n. 피아노		raise	v. 기르다
pizzeria	n. 피자 전문점		rat	n. 쥐
play	v. 놀다		receive	v. 받다
pool	n. 수영장		record a video	영상을 녹화하다

relief	n. 안도, 경감		smoking	n. 흡연
respond	v. 응답하다		snow	n. 눈
ride	n. 놀이기구		sofa	n. 소파
ring	n. 반지		softly	adv. 부드럽게
river	n. 강		sold out	adj. 다 팔린
road	n. 도로		speak	v. 말하다
roller coaster	n. 롤러코스터		spend	v. 사용하다
run	v. 달리다		spot	n. 반점

S

sandcastle	n. 모래성		stand	n. 진열대
scary	adj. 무서운		station	n. 역
school bus	n. 통학 버스		stick	n. 막대기
scream	v. 비명을 지르다		stove	n. 레인지
sheep	n. 양		strong	adj. 강한, 튼튼한
shepherd	n. 양치기		study	v. 공부하다
shoulder	n. 어깨		subway	n. 지하철
sidewalk	n. 보도, 인도		sudden	adj. 갑작스러운
single	adj. 단 하나의		suddenly	adv. 갑자기
sister	n. 자매		suddenness	n. 갑작스러움
skin	n. 가죽, 껍질		summer	n. 여름
slice	n. 조각		swim	v. 수영하다
			swimsuit	n. 수영복

swing	n. 그네		valid	adj. 유효한
T			vanilla	adj. 바닐라 맛의
table	n. 식탁		vegetable	n. 야채
tag	n. 꼬리표		vegetarian	n. 채식,채식주의자
tail	n. 꼬리		voice	n. 목소리
take	v. 가져가다		**W**	
take a picture	사진을 찍다		walk	n. 산책
take a trip	여행하다		walk up the stairs	계단을 오르다
tend a garden	정원을 가꾸다		wash	v. 씻다
theater	n. 연극		watch	v. 시청하다
trip	n. 여행		watermelon	n. 수박
trouble	n. 곤란		wear	v. 입다
trumpet	n. 트럼펫		whale	n. 고래
turn	v. 되다, 돌다		whole	adj. 전체의
twin	n. 쌍둥이		wolf	n. 늑대
U			work for	~에서 일하다
under	prep. 밑에		**Y**	
understand	v. 이해하다		yet	adv. 아직
usage	n. 사용량			
used to V	v. ~하곤 했다			
V				

memo

memo

TOSEL
유형분석집

BASIC

Section II.
Reading & Writing

ANSWERS

TOSEL®
유형분석집

BASIC
정답 및 해설

Part A. Sentence Completion

유형 1-명사 (p.30)

Step 3. Practice Test

1. A: Why did you buy so much milk?

B: I have five _____.

(A) child

(B) childs

(C) childes

(D) children

정답 (D)

해석 A: 왜 이렇게 우유를 많이 샀어?

B: 나는 아이가 다섯이야.

(A) 아이 (단수)

(B) 잘못된 표현

(C) 잘못된 표현

(D) 아이들 (복수)

풀이 아이 5명이 있다고 답하는 문장이다. 'child(아이)'의 복수 형태는 'children'으로 (D)가 정답이다.

Words and Phrases buy 구매하다 | milk 우유 | child 어린이

2. A: 'A Cat's Life' is one of my favorite _____.

B: I watched that, too.

(A) movie

(B) movies

(C) a movie

(D) a movies

정답 (B)

해석 A: '고양이의 인생'은 내가 제일 좋아하는 영화 중 하나야.

B: 나도 그거봤어.

(A) 영화 (단수)

(B) 영화들 (복수)

(C) 영화 하나 (단수)

(D) 잘못된 표현

풀이 가장 좋아하는 것을 표현 할 때는 'one of my favorite + 복수 명사'를 사용해야 한다. 'movie(영화)'의 복수 형태는 'movies'로 (B)가 정답이다.

Words and Phrases favorite 가장 좋아하는 | movie 영화

3. A: There aren't that many people.

B: There are only two _____ in the hall.

(A) woman

(B) women

(C) womans

(D) womens

정답 (B)

해석 A: 사람들이 그 정도로 많이 없어.

B: 복도에 여자 두 명밖에 없어.

(A) 여자 (단수)

(B) 여자들 (복수)

(C) 잘못된 표현

(D) 잘못된 표현

풀이 여자 2명이 있다는 문장이다. 'woman(여자)'의 복수 형태는 'women'이므로 (B)가 정답이다.

Words and Phrases people 사람들 | woman 여자 | hall 복도

4. A: How many chairs do you want?

B: We only need ten _____.

(A) chair

(B) chairs

(C) any chair

(D) some chairs

정답 (B)

해석 A: 의자 몇개 필요해?

B: 우리는 10개만 필요해.

(A) 의자 (단수)

(B) 의자 (복수)

(C) 아무 의자

(D) 의자 몇 개 (복수)

풀이 의자 10개가 필요하다는 문장이다. 'chair (의자)'의 복수 형태는 'chairs'이므로 (B)가 정답이다.

Words and Phrases chair 의자 | need 필요하다

Step 3. Practice Test

1.　A: Mom! I'm angry! I can't understand Noah.
　　B: Why don't you put _____ in Noah's shoes?
　　(A) you
　　(B) your
　　(C) yours
　　(D) yourself

정답 (D)

해석 A: 엄마! 나 화나! 노아를 이해할 수 없어.
　　B: 노아의 입장이 되어보는 것은 어때?
　　(A) 너 (2인칭 주격)
　　(B) 너의 (2인칭 소유격)
　　(C) 너의 것 (2인칭 소유대명사)
　　(D) 너 자신 (2인칭 재귀대명사)

풀이 'put oneself in someone's shoes'는 남의 입장이 되어 생각하다라는 의미이다. 빈칸에는 주어를 재귀하는 재귀대명사 'yourself'가 와야하므로 (D)가 정답이다.

Words and Phrases angry 화난 | understand 이해하다

2.　A: So cute! The baby is looking at _____ in the mirror.
　　B: It seems like she doesn't know who is in the mirror.
　　(A) her
　　(B) she
　　(C) hers
　　(D) herself

정답 (D)

해석 A: 귀여워! 아기는 거울속의 자기 자신을 보고 있어.
　　B: 그는 거울속에 있는 사람이 누구인지 모르나보네.
　　(A) 그녀의 (2인칭 소유격)
　　(B) 그녀 (2인칭 주격)
　　(C) 그녀의 것 (2인칭 소유대명사)
　　(D) 그녀 자신 (2인칭 재귀대명사)

풀이 거울에 비친 자기 자신의 모습을 바라보는 아기를 설명하고 있으므로 '그녀 자신'을 의미하는 (D)가 정답이다.

Words and Phrases cute 귀여운 | baby 아기 | mirror 거울

3.　A: Excuse me, sir. Smoking is not allowed here.
　　B: Sorry. I didn't know _____.
　　(A) that
　　(B) they
　　(C) those
　　(D) these

정답 (A)

해석 A: 실례합니다. 여기서는 흡연이 금지되어 있습니다.
　　B: 죄송해요. 몰랐어요.
　　(A) 저것
　　(B) 그들
　　(C) 저것들
　　(D) 이것들

풀이 흡연이 금지되어 있다는 그 사실을 몰랐다는 표현을 하기 위해 지시대명사 'that'을 사용하여 그것을 알지 못했다고 답해야 한다. 따라서 (A)가 정답이다.

Words and Phrases smoking 흡연 | allow 허락하다 | know 알다

4.　A: I found this pencil in history class.
　　B: Oh, it is _____.
　　(A) I
　　(B) my
　　(C) me
　　(D) mine

정답 (D)

해석 A: 나 역사수업 때 이 연필을 발견했어.
　　B: 오, 그거 내 거야.
　　(A) 나 (1인칭 주격)
　　(B) 나의 (1인칭 소유격)
　　(C) 나를 (1인칭 목적격)
　　(D) 나의 것 (1인칭 소유대명사)

풀이 이것이 '내 연필'이라고 답해야 하는 상황이다. 소유 대명사 'mine'을 사용하여 연필이 '내 것'이라고 표현할 수 있으므로 (D)가 정답이다.

Words and Phrases pencil 연필 | history 역사 | find (우연히) 찾다

Step 3. Practice Test

1. A: What a _____ puppy!
   B: This is Happy. I brought him home yesterday.
   (A) cue
   (B) cute
   (C) cutely
   (D) cuteness

정답 (B)

해석 A: 정말 귀여운 강아지네!
   B: 얘는 해피야. 어제 집에 데려왔어.
   (A) 단서
   (B) 귀여운
   (C) 귀엽게
   (D) 귀여움

풀이 형용사 'cute(귀여운)'는 명사 'puppy(강아지)'를 앞에서 수식한다. 따라서 (B)가 정답이다. 또한, 감탄문은 [what + a/an + 형용사 + 명사] 또는 [how + 형용사/부사]로 구성된다는 것을 알아두면 문제를 쉽게 풀 수 있다.

Words and Phrases puppy 강아지 | cue 단서 | cute 귀여운 | cutely 귀엽게 | cuteness 귀여움

2. A: I'm going to move to another city.
   B: You can make _____ friends.
   (A) new
   (B) news
   (C) newly
   (D) newness

정답 (A)

해석 A: 난 다른 도시로 이사 갈거야.
   B: 너는 새로운 친구를 만들 수 있어.
   (A) 새로운
   (B) 소식/뉴스
   (C) 새롭게
   (D) 새로움

풀이 형용사 'new(새로운)'는 명사 'friend(친구)'를 앞에서 수식한다. 따라서 (A)가 정답이다.

Words and Phrases move 이사하다, 이동하다 | city 도시 | friend 친구 | new 새로운 | news 소식, 뉴스 | newly 새롭게 | newness 새로움

3. A: My grandfather goes for a walk every day.
   B: He looks very _____.
   (A) health
   (B) healthy
   (C) healthful
   (D) healthiness

정답 (B)

해석 A: 내 할아버지는 매일 산책가신다.
   B: 그는 매우 건강해보여.
   (A) 건강
   (B) 건강한
   (C) 건강에 좋은
   (D) 건강함

풀이 look은 감각 동사로써 빈칸에는 주격 보어로 쓰이는 명사 또는 형용사가 와야 한다. 문맥상 '건강해 보인다'가 가장 알맞으므로 (B)가 정답이다. healthful은 형용사이나 '건강에 좋은'이라는 의미로 문맥상 맞지 않아 오답이다.

Words and Phrases go for a walk 산책하다 | healthy 건강 | healthy 건강한 | healthful 건강에 좋은 | healthiness 건강함

4. A: Did you do the math homework?
   B: Not yet. It is too _____.
   (A) hard
   (B) hardly
   (C) harden
   (D) hardness

정답 (A)

해석 A: 수학 숙제 했어?
   B: 아직. 너무 어려워.
   (A) 어려운, 어렵게
   (B) 거의 ~ 아니다
   (C) 굳다
   (D) 단단함

풀이 문맥상 '수학 숙제가 너무 어렵다'라고 표현하기 위해서 형용사 'hard'가 가장 적절하므로 (A)가 정답이다.

Words and Phrases math 수학 | homework 숙제 | hard 어려운 | hardly 거의 ~ 아니다 | harden 굳다 | hardness 단단함

유형 4-부사 (p.54)

Step 3. Practice Test

1. A: I think Jacob is the fastest runner in our school.
 B: I agree. He runs very _____.
 (A) quick
 (B) quickly
 (C) quicken
 (D) quickness

정답 (B)

해석 A: 내 생각에는 Jacob이 우리반에서 가장 달리기가 빠른 것 같아.
 B: 맞아, 그는 정말 빨리 달려.
 (A) 빠른
 (B) 빠르게, 빨리
 (C) 빨라지다
 (D) 빠름

풀이 'run(달리다)'는 자동사이며 뒤에는 동사를 꾸며주는 역할을 하는 부사가 온다. 따라서 (B)가 정답이다.

Words and Phrases run 달리다 | quick 빠른 | quickly 빨리 | quicken 빨라지다 | quickness 빠름

2. A: Have you _____ been to Mexico?
 B: No, I haven't been there yet.
 (A) still
 (B) just
 (C) ever
 (D) once

정답 (C)

해석 A: 너 멕시코 가본 적 있어?
 B: 아니, 아직 안가봤어.
 (A) 아직
 (B) 단지
 (C) 한번이라도, 언제든, 항상
 (D) 한번

풀이 'Have you ever + 과거분사…?'는 '~해본 적이 있나요?'라는 의미이며 경험을 묻는 표현이다. 특히 'ever'는 '한 번이라도 ~해 본적이 있는지' 경험을 강조하기 위해 사용한다. 따라서 (C)가 정답이다.

Words and Phrases yet 아직 | Mexico 멕시코

3. A: _____, I felt someone broke into my house.
 B: So what did you do?
 (A) Sudden
 (B) Suddenly
 (C) Suddenness
 (D) All a sudden

정답 (B)

해석 A: 갑자기 누가 내 집에 침입했어.
 B: 그래서 너 뭐했어?
 (A) 갑작스러운
 (B) 갑자기
 (C) 갑작스러움
 (D) 틀린 표현

풀이 '갑자기'가 문장 전체를 수식하고 있으며 이러한 역할을 하는 것은 부사로써 (B)가 정답이다.

Words and Phrases break into a house 집에 침입하다 | sudden 갑작스러운 | suddenly 갑자기 | suddenness 갑작스러움 | all of a sudden 갑자기

4. A: How was the exam?
 B: It was actually _____ easy.
 (A) few
 (B) very
 (C) least
 (D) many

정답 (B)

해석 A: 시험 어땠어?
 B: 사실 아주 쉬웠어.
 (A) 약간의
 (B) 매우
 (C) 최소의
 (D) 많은

풀이 부사는 형용사 'easy(쉬운)'를 수식할 수 있다. 문맥상 가장
   적절한 (B)가 정답이다.

Words and Phrases exam 시험 | easy 쉬운

🕐 유형 5-동사 (p.62)

Step 3. Practice Test

1. A: Are these books yours?
   B: Yes, _____ mine.
   (A) those are
   (B) that is
   (C) this is
   (D) they have

정답 (A)

해석 A: 이 책들 네 것이야?
   B: 응, 내 거야.
   (A) 저것들은 ~이다
   (B) 저것은 ~이다
   (C) 이것은 ~이다
   (D) 그들은 갖고 있다

풀이 질문에서 언급한 복수 명사 'these books'를 화자의 입장에서
   표현해야한다. 이에 대한 적절한 지시대명사는 'those'이며
   be 동사의 복수형은 'are'이므로 (A)가 정답이다.

Words and Phrases book 책 | mine 나의 것

2. A: What's your mother's job?
   B: My mom _____ for the central bank.
   (A) work
   (B) works
   (C) is work
   (D) is works

정답 (B)

해석 A: 네 엄마 직업이 뭐야?
   B: 우리 엄마는 중앙은행에서 일해.
   (A) 일하다 (원형)
   (B) 일하다 (3인칭 단수)
   (C) 잘못된 표현
   (D) 잘못된 표현

풀이 3인칭 단수 주어 'My mom'에 동사 'work for(~에서 근무
   하다)'를 알맞게 일치시킨 형태로 (B)가 정답이다.

Words and Phrases job 직업 | work for ~에서 일하다 |
   central bank 중앙은행

3. A: Why is the internet so slow?
   B: Maybe there _____ a lot of people using it
   now.
   (A) is
   (B) are
   (C) was
   (D) were

정답 (B)

해석 A: 인터넷이 왜 이렇게 느려?
   B: 아마 많은 사람들이 사용하고 있을거야.
   (A) ~이다 (be동사 3인칭 현재 단수형)
   (B) ~이다 (be동사 2인칭 현재 단수형/ 1,2,3인칭 현재 복수형)
   (C) ~였다 (be동사 1,3인칭 과거 단수형)
   (D) ~였다 (be동사 2인칭 단수/ 1,2,3인칭 복수 과거)

풀이 'now'가 언급됨을 통해 현재임을 알 수 있다. 3인칭 복수형
   'people'에 알맞은 be 동사의 형태는 'are'이므로 (B)가
   정답이다.

Words and Phrases internet 인터넷

4. A: What does _____ the most?
   B: Roller coasters, I think.
   (A) he like
   (B) he wear
   (C) she likes
   (D) they like

정답 (A)

해석 A: 그는 무엇을 가장 좋아해?
   B: 내 생각에는 롤러코스터인 것 같아.
   (A) 그는 좋아한다
   (B) 그는 입는다
   (C) 그녀는 좋아한다
   (D) 그들은 좋아한다

풀이 의문문에서 사용한 조동사 do의 3인칭 단수 형태인 does를
   통해 주어가 3인칭 단수임을 알 수 있다. Do를 사용하는
   의문문은 주어 뒤에 동사원형이 오므로 (A)가 정답이다.

Words and Phrases like 좋아하다 | wear 입다 | roller
   coaster 롤러코스터

Step 3. Practice Test

1. A: What did your father say?

    B: He _____ me to study harder.

    (A) asked

    (B) ask

    (C) asking

    (D) to ask

정답 (A)

해석 A: 네 아버지가 뭐라하셨어?

　　 B: 나보고 더 열심히 공부하라고 하셨어.

　　 (A) 요구했다

　　 (B) 요구하다

　　 (C) 요구하는

　　 (D) 요구하기 위해

풀이 'did'를 통해 질문의 시제가 과거임을 알 수 있다. 답변 또한 과거 시제여야 하므로 (A)가 정답이다.

Words and Phrases study 공부하다 | hard 열심히

2. A: Tim and his dad _____ the garden every Sunday.

    B: Wow, that's beautiful!

    (A) tend

    (B) tended

    (C) will tend

    (D) are tending

정답 (A)

해석 A: Tim과 그의 아빠는 매주 일요일 정원을 가꾼다.

　　 B: 와우, 정말 멋져!

　　 (A) 가꾸다

　　 (B) 가꿨다

　　 (C) 가꿀 것이다

　　 (D) 가꾸고 있다

풀이 'tend a garden'은 정원을 가꾸다라는 의미이다. 'every Sunday'를 통해 매주마다 한다는 것을 알 수 있다. 규칙적인 행동은 현재 시제를 사용한다. 따라서 (A)가 정답이다.

Words and Phrases tend a garden 정원을 가꾸다

3. A: When did you buy that ring?

    B: _____.

    (A) Next April

    (B) In two days

    (C) **Two days ago**

    (D) For many days

정답 (C)

해석 A: 그 반지 언제 샀어?

　　 B: _____.

　　 (A) 다음 4월

　　 (B) 2일 후에

　　 (C) 2일 전에

　　 (D) 여러 날 동안

풀이 반지를 언제 샀는지 과거에 대한 사건을 물어보고 있다. 부사 'ago'를 통해 과거임을 나타내는 (C)가 정답이다.

Words and Phrases buy 구매하다 | ring 반지 | for many days 여러 날 동안

4. A: Where is the bus at?

    B: It already _____ a long time ago.

    (A) left

    (B) leave

    (C) leaves

    (D) have left

정답 (A)

해석 A: 버스 어디있어?

　　 B: 이미 오래전에 떠났어.

　　 (A) 떠났다

　　 (B) 남기다, 떠나다

　　 (C) 남기다, 떠나다

　　 (D) 떠났다

풀이 'already'와 'ago'를 통해 과거임을 알 수 있다. 'leave'의 과거형인 (A)가 정답이다.

Words and Phrases leave 떠나다 | long time ago 오래전에

Step 3. Practice Test

1. A: What do you do _____ the morning?
    B: I take my dog for a walk.
    (A) at
    (B) on
    (C) in
    (D) under

정답 (C)

해석 A: 너 아침마다 뭐해?
    B: 강아지 산책시켜.
    (A) ~시 정각
    (B) 요일/날짜 앞
    (C) ~ 후/이내, 연도/계절/월 앞
    (D) ~아래에

풀이 'morning'앞에는 항상 전치사 'in'이 붙는다 따라서 (C)가
    정답이다.

Words and Phrases morning 아침 | walk 산책

2. A: Let's meet _____ the front door.
    B: What time are we meeting?
    (A) in
    (B) at
    (C) over
    (D) above

정답 (B)

해석 A: 우리 정문에서 만나자.
    B: 우리 몇시에 만나?
    (A) ~안에
    (B) ~에
    (C) ~위에
    (D) ~위에

풀이 정확한 지점을 표현할 때는 전치사 'at'을 사용한다. 구체적인
    장소인 'front door'를 나타내고 있으므로 (B)가 정답이다.

Words and Phrases meet 만나다 | front door 정문

3. A: Come join the baseball team.
    B: Sorry, I'm not very good _____ sports.
    (A) at
    (B) by
    (C) to
    (D) of

정답 (A)

해석 A: 야구팀에 같이 하자.
    B: 미안, 나는 운동을 잘 못해.
    (A) ~에
    (B) ~옆에
    (C) ~로
    (D) ~의

풀이 'be good at'은 '~에 능숙하다/잘한다'라는 표현이므로
    (A)가 정답이다.

Words and Phrases join 합류하다 | baseball 야구

4. A: What are you watching on TV?
    B: It's _____ animals.
    (A) by
    (B) from
    (C) about
    (D) around

정답 (C)

해석 A: 너 TV로 뭐 보고 있어?
    B: 동물에 관한 거야.
    (A) ~옆에
    (B) ~부터
    (C) ~에 대한
    (D) ~주변에

풀이 'animals'에 대한 TV 채널을 보고 있으므로 이에 대해 알맞은
    전치사는 '~에 대한'이라는 의미를 가진 (C)가 정답이다.

Words and Phrases watch 시청하다 | animal 동물

Step 3. Practice Test

1. A: _____ is the name of your dog?

B: It's Matilda.

(A) Who

(B) What

(C) When

(D) Where

정답 (B)

해석 A: 네 강아지 이름이 뭐야?

B: Matilda야.

(A) 의문사 누구

(B) 의문사 무엇

(C) 의문사 언제

(D) 의문사 어디

풀이 강아지 이름을 물어보는 질문에서 가장 적절한 의문사는 What(무엇)이므로 정답은 (B)이다.

Words and Phrases name 이름 | dog 개

2. A: Do you have something to eat?

B: Yes, _____.

(A) I do

(B) I don't

(C) I can

(D) I can't

정답 (A)

해석 A: 너 뭐 먹을 거 있어?

B: 응, 있어.

(A) 조동사 do 긍정

(B) 조동사 do 부정

(C) 조동사 can 긍정

(D) 조동사 can 부정

풀이 조동사 'do'를 사용한 의문문으로 대답 또한 'do'를 사용해야 한다. 또한 긍정하는 대답을 하고 있으므로 (A)가 정답이다.

Words and Phrases have 가지다 | eat 먹다

3. A: _____ will your piano lessons start again?

B: Lessons begin at the beginning of next month.

(A) How

(B) Why

(C) When

(D) What

정답 (C)

해석 A: 네 피아노 레슨 언제 다시 시작해?

B: 레슨은 다음 달 초에 시작해.

(A) 의문사 어떻게

(B) 의문사 왜

(C) 의문사 언제

(D) 의문사 무엇

풀이 대답에서 시기 'beginning of next month'를 말하는 것으로 보아 질문에서 시간/날짜를 물어 본 것임을 유추할 수 있다. 따라서 정답은 때를 표현하는 의문사 (C)가 정답이다.

Words and Phrases piano 피아노 | lesson 레슨 | again 다시 | begin 시작하다

4. A: _____ is your notebook?

B: Mine is the purple one.

(A) What time

(B) What color

(C) How many

(D) How much

정답 (B)

해석 A: 네 공책은 무슨 색이야?

B: 내 것은 보라색이야.

(A) 몇 시

(B) 무슨 색

(C) 몇 개

(D) 얼마

풀이 대답에서 'purple'을 언급하는 것으로 보아 색깔을 물어본 것임을 유추할 수 있다. 의문사 'What'을 이용한 의문문 'What color(어떤 색을)'가 가장 적절하므로 (B)가 정답이다.

Words and Phrases color 색 | notebook 공책 | mine 나의 것 | purple 보라색

Step 3. Practice Test

1. A: I didn't understand this idiom at all.

B: _____ you want, I can help you out.

(A) If

(B) For

(C) But

(D) Unless

정답 (A)

해석 A: 나 이 숙어가 전혀 이해가 안 되었어.

B: 네가 원하면 내가 도와줄게.

(A) 만약 ~한다면

(B) 왜냐하면

(C) 그러나

(D) ~하지 않으면

풀이 문맥상 '만약 네가 원한다면'으로 해석하는 것이 가장 적절하다. 'If'를 사용하여 부사절 접속사의 조건문을 만든 (A)가 정답이다.

Words and Phrases understand 이해하다 | idiom 관용구, 숙어

2. A: Do you like vanilla _____ chocolate ice cream better?

B: I like both.

(A) or

(B) and

(C) but

(D) yet

정답 (A)

해석 A: 너는 바닐라 아이스크림을 더 좋아해, 아니면 초코 아이스크림을 더 좋아해?

B: 나는 둘 다 좋아해.

(A) 또는

(B) 그리고

(C) 그러나

(D) 그렇지만

풀이 질문은 두 가지 선택지 중에 한쪽의 선택을 요구하는 선택 의문문으로 접속사 'or'이 필요하다. 따라서 (A)가 정답이다.

Words and Phrases vanilla 바닐라 | chocolate 초콜릿 | ice cream 아이스크림

3. A: He's good at French, isn't he?

B: Yeah, he lived in France for five years, _____ he can speak French.

(A) or

(B) so

(C) but

(D) for

정답 (B)

해석 A: 그는 프랑스어 잘하지, 그치?

B: 응, 그는 프랑스에서 5년 살았어서 프랑스어 할 수 있어.

(A) 또는

(B) 그래서

(C) 그러나

(D) 왜냐하면

풀이 문맥상 '프랑스에서 5년을 살았기 때문에 (그래서) 프랑스어를 할 수 있다'고 설명하는 것이 가장 적절하다. 절과 절을 대등하게 이어주는 등위접속사가 필요하므로 '그래서'의 뜻을 가진 (B)가 정답이다.

Words and Phrases French 프랑스어 | live 살다 | speak 말하다

4. A: Do you play with dolls?

B: I used to _____ I was a little kid.

(A) when

(B) while

(C) since

(D) because

정답 (A)

해석 A: 너 인형놀이해?

B: 어렸을 때 하곤 했어.

(A) ~할 때

(B) ~하는 동안

(C) ~때 부터

(D) 왜냐하면

풀이 문맥상 '어렸을 때'라고 해석하는 것이 가장 적절하므로 시간을 나타내는 '~ 때'라는 의미를 가진 부사절 접속사 (A)가 정답이다.

Words and Phrases play 놀다 | doll 인형 | used to ~하곤 했다.

Part B. Situational Writing

⏱ 유형 1-명사 (p.104)

Step 3. Practice Test

1. The little girl is sitting on her father's _____.
   (A) legs
   (B) laps
   (C) arms
   (D) shoulders

정답 (D)

해석 작은 소녀는 아빠의 어깨에 앉아있다.
   (A) 다리
   (B) 무릎
   (C) 팔
   (D) 어깨

풀이 소녀가 아빠의 목마를 타고 어깨에 앉아 있으므로 (D)가 정답이다.

Words and Phrases leg 다리 | lap 무릎 | arm 팔 | shoulder 어깨

2. Sarah and Kelly are _____.
   (A) twins
   (B) sisters
   (C) parents
   (D) brothers

정답 (B)

해석 Sarah 와 Kelly는 자매이다.
   (A) 쌍둥이
   (B) 자매
   (C) 부모
   (D) 형제

풀이 그림 속 두 여자아이는 비슷하게 생겼지만 키와 나이 차이를 통해 자매라는 사실을 유추할 수 있다. 따라서 (B)가 정답이다.

Words and Phrases twin 쌍둥이 | sister 자매 | parents 부모님 | brother 형제

3. The boy is skiing _____.
   (A) on a road
   (B) on a river
   (C) on a field
   (D) on a mountain

정답 (B)

해석 소년은 강에서 스키를 타고 있다.
   (A) 도로에서
   (B) 강에서
   (C) 들판에서
   (D) 산에서

풀이 그림 속 소년은 수상스키를 즐기고 있으므로 (B)가 정답이다.

Words and Phrases road 도로 | river 강 | field 들판 | mountain 산

4. The cat is _____.
   (A) in a flower bed
   (B) under a large tree
   (C) next to some swings
   (D) beside a vegetable garden

정답 (A)

해석 고양이는 화단 안에 있다.
   (A) 화단 안에
   (B) 큰 나무 아래에
   (C) 그네 옆에
   (D) 야채 정원 옆에

풀이 고양이는 화단 안에 앉아 있으므로 (A)가 정답이다.

Words and Phrases flower bed 화단 | swing 그네 | vegetable 야채 | garden 정원

⏱ 유형 2-동사 (p.110)

Step 3. Practice Test

1. The woman is _____.
   (A) opening a can
   (B) washing a dish
   (C) eating some soup
   (D) drinking some water

정답 (A)

해석 여자는 통조림 깡통을 따고 있다.

　(A) 통조림 깡통을 따다

　(B) 설거지 하다

　(C) 수프를 먹다

　(D) 물을 마시다

풀이 그림 속 여자는 통조림 깡통을 열고 있으므로 (A)가 정답이다.

Words and Phrases can 통조림, 깡통

2.　The man is _____.

　(A) going for a walk

　(B) skating on the ice

　(C) playing in the snow

　(D) clearing the sidewalk

정답 (D)

해석 남자는 보도를 치우고 있다.

　(A) 산책 가다

　(B) 얼음 위에서 스케이트를 타다

　(C) 눈에서 놀다

　(D) 보도를 치우다

풀이 그림 속 남자는 보도로 보이는 길에 쌓인 눈을 치우고 있으므로 (D)가 정답이다.

Words and Phrases go for a walk 산책하다 | ice 얼음 | snow 눈 | sidewalk 보도

3.　The woman is using a brush _____.

　(A) to wash a pot

　(B) to comb her hair

　(C) to put on makeup

　(D) to clean the stove

정답 (C)

해석 여자는 브러시를 이용해서 화장을 하고 있다.

　(A) 냄비를 씻다

　(B) 머리를 빗다

　(C) 화장하다

　(D) 가스레인지를 닦다

풀이 그림 속 여자는 화장을 하고 있으므로 (C)가 정답이다.

Words and Phrases wash 씻다 | pot 냄비 | comb 머리빗다 | stove 레인지

4.　A girl is helping an old woman _____.

　(A) get in a car

　(B) walk up stairs

　(C) carry her cane

　(D) cross the street

정답 (D)

해석 소녀는 나이 든 여자가 길을 건너도록 도와주고 있다.

　(A) 차에 타다

　(B) 계단을 오르다

　(C) 지팡이를 들다

　(D) 길을 건너다

풀이 그림 속 소녀는 할머니와 함께 길을 건너고 있으므로 (D)가 정답이다.

Words and Phrases help 돕다 | get in a car 차에 타다 | walk up stairs 계단을 오르다 | cane 지팡이 | cross 건너다

유형 3-전치사 (p.116)

Step 3. Practice Test

1.　The man's cell phone is _____.

　(A) on the sofa

　(B) under the sofa

　(C) under the table

　(D) on the TV stand

정답 (A)

해석 남자의 핸드폰이 소파 위에 있다.

　(A) 소파 위에

　(B) 소파 아래에

　(C) 책상 아래에

　(D) TV장 위에

풀이 핸드폰은 소파 위에 있으므로 '~위에'라는 위치를 나타내는 전치사 'on'이 쓰인 (A)가 정답이다.

Words and Phrases sofa 소파 | table 식탁 | stand 진열대

2. A clock is _____.
   (A) on a cup
   (B) behind a cup
   (C) between cups
   (D) in front of cups

정답 (C)

해석 시계는 컵 사이에 있다.
   (A) 컵 위에
   (B) 컵 뒤에
   (C) 컵 사이에
   (D) 컵 앞에

풀이 시계는 컵 두 개 사이에 위치하고 있으므로 '~사이에'라는
   위치를 나타내는 전치사 'between'이 쓰인 (C)가 정답이다.

Words and Phrases clock 시계 | cup 컵

3. A girl is standing _____ of the house.
   (A) inside
   (B) on top
   (C) in front
   (D) on the back

정답 (C)

해석 소녀는 집 앞에 서있다.
   (A) ~안에
   (B) ~꼭대기에
   (C) ~앞에
   (D) ~뒷면에

풀이 그림 속 소녀는 집 앞쪽에 위치하고 있으므로 '~앞에'라는
   위치를 나타내는 전치사 'in front'가 쓰인 (C)가 정답이다.
Words and Phrases stand 서다 | house 집

4. They are sitting _____ each other at the table.
   (A) on top of
   (B) across from
   (C) on the side of
   (D) in the middle of

정답 (B)

해석 그들은 식탁에 서로 맞은편에 앉아있다.
   (A) ~꼭대기에
   (B) 맞은 편에
   (C) ~옆면에
   (D) ~중간에

풀이 두 남녀는 식탁 맞은편에 서로를 바라보며 앉아있다. '~을
   가로질러'라는 방향을 나타내는 전치사 'across from'이 쓰인
   (B)가 정답이다.

Words and Phrases table 식탁

유형 4-시간/날짜 (p.122)

Step 3. Practice Test

1. Brazil hosted the Olympic Games in _____.
   (A) sixteen twenty
   (B) twenty sixteen
   (C) two hundred sixty
   (D) two thousand sixty

정답 (B)

해석 브라질은 올림픽을 2016년에 개최했다.
   (A) 1620
   (B) 2016
   (C) 260
   (D) 2060

풀이 연도를 읽을 때는 두자리씩 끊어 읽는다. 2016년은 20과 16으로
   나누어 읽는다. 따라서 (B)가 정답이다.
Words and Phrases Olympic 올림픽

2. This coupon is valid until _____.
   (A) December thirty first
   (B) December thirteenth
   (C) November thirty first
   (D) November twenty first

정답 (A)

해석 이 쿠폰은 12월 31일 까지 유효하다.
   (A) 12월 31일
   (B) 12월 13일
   (C) 11월 31일
   (D) 11월 21일

풀이 쿠폰의 만료일은 12월 31일 2021년이다. 쿠폰은 만료일까지
　　유효하기 때문에 (A)가 정답이다.

Words and Phrases coupon 쿠폰 | valid 유효하다 |
　　　　　　　　December 12월 | November 11월

3.　You must hurry up! It's already _____.
　　(A) ten ten
　　(B) nine two
　　(C) noon
　　(D) nine second

정답 (A)

해석 너 서둘러야해 벌써 10시 10분이야.
　　(A) 10시 10분
　　(B) 9시 2분
　　(C) 12시
　　(D) 9초

풀이 시곗바늘이 10시 10분을 가리키고 있으므로 (A)가 정답이다.

Words and Phrases hurry 서두르다

4.　We spent _____ dollars total on groceries.
　　(A) twenty dollars and thirty cents
　　(B) twenty two dollars and thirty cents
　　(C) twenty three dollars and twenty cents
　　(D) two hundred dollars and three cents

정답 (B)

해석 우리는 장보는데 총 22달러 30센트 썼어.
　　(A) 20달러 30센트
　　(B) 22달러 30센트
　　(C) 23달러 20센트
　　(D) 200달러 3센트

풀이 영수증에 적힌 총 비용이 $22.30, 즉 22달러 30센트이므로
　　(B)가 정답이다.

Words and Phrases spend 사용하다 | groceries 식료품류

유형 5-형용사/부사 (p.128)

Step 3. Practice Test

1.　The green pencil is _____.
　　(A) tall and dull
　　(B) tall and sharp
　　(C) short and dull
　　(D) short and sharp

정답 (C)

해석 초록색 연필은 _____.
　　(A) 길고 뭉툭하다
　　(B) 길고 뾰족하다
　　(C) 짧고 뭉툭하다
　　(D) 짧고 뾰족하다

풀이 길고 뾰족한 빨간색 연필과 비교하여 초록색 연필은 짧고
　　뭉툭하므로 (C)가 정답이다.

Words and Phrases pencil 연필 | tall 키가 큰 | short 짧은,
　　　　　　　　키가 작은 | sharp 뾰족한 | dull 재미없는,
　　　　　　　　흐릿한

2.　The school bus is very _____.
　　(A) fat
　　(B) clear
　　(C) empty
　　(D) crowded

정답 (D)

해석 스쿨버스는 아주 _____.
　　(A) 뚱뚱한
　　(B) 투명한
　　(C) 비어있는
　　(D) 붐비는

풀이 그림 속 버스 안에 사람들이 꽉 들어차 있으므로 (D)가
　　정답이다.

Words and Phrases school bus 스쿨버스 | fat 뚱뚱한 | clear
　　　　　　　　투명한, 분명한 | empty 비어있는 |
　　　　　　　　crowded 붐비는

3. The boy plays music _____.
   (A) softly
   (B) gently
   (C) loudly
   (D) quietly

정답 (C)

해석 소년은 음악을 _____ 한다.
   (A) 부드럽게
   (B) 부드럽게
   (C) 시끄럽게
   (D) 조용하게

풀이 소년은 소리가 아주 큰 심벌즈를 시끄럽게 치고 있다. 따라서 (C)가 정답이다.

Words and Phrases music 음악 | softly 부드럽게 | gently 부드럽게 | loudly 시끄럽게 | quietly 조용하게

4. The trumpet is _____.
   (A) as big as the cello
   (B) less than the cello
   (C) bigger than the cello
   (D) smaller than the cello

정답 (D)

해석 트럼펫은 _____.
   (A) 첼로만큼 크다
   (B) 첼로보다 덜하다
   (C) 첼로보다 크다
   (D) 첼로보다 작다

풀이 트럼펫의 크기는 첼로보다 작으므로 (D)가 정답이다.

Words and Phrases trumpet 트럼펫 | cello 첼로

Part C. Practical Reading and Retelling

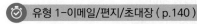 유형 1-이메일/편지/초대장 (p.140)

Step 3. Practice Test

1.

Juan is turning 8!
Please join us for a Birthday Party!
Sunday · June 23 · 12-3PM
Bayview Children's Club
Please respond by Jun 20th

Q1. How old is Juan?
   (A) 6
   (B) 8
   (C) 10
   (D) 12

Q2. According to the card, what is true?
   (A) The party will start at 3 o'clock.
   (B) The party will be at Juan's house.
   (C) The party will be held on Sunday afternoon.
   (D) Guests must say whether they are coming by the 23rd.

정답 (B), (C)

해석

Juan이 8살이 되었어요!

생일파티에 함께 해주세요!
일요일 6월 23일 오후 12-3시
Bayview 어린이 클럽
6월 20일까지 답장 바람

Q1. Juan 은 몇 살인가?
   (A) 6살
   (B) 8살
   (C) 10살
   (D) 12살

Q2. 카드에 대한 내용으로 알맞은 것은?

    (A) 파티는 3시에 시작할 것이다.

    (B) 파티는 Juan네에서 할 것이다.

    (C) 파티는 일요일 오후에 열릴 것이다.

    (D) 손님들은 23일까지 참석 여부에 대해 알려야 한다.

풀이 Q1. 카드에 가장 큰 글씨로 "Juan is turning 8! (Juan이 8살이 되었어요!)"로 쓰여 있으므로 (B)가 정답이다.

    Q2. 파티는 6월 23일 일요일 오후 12-3시에 하므로 (C)가 정답이다. 파티가 12시에 시작하므로 (A)는 오답이고 장소는 Bayview Children's Club에서 열리기 때문에 (B)는 오답이며 참석할 손님들은 6월 20일까지 답신해야 하므로 (D)는 오답이다.

Words and Phrases turn 되다, 돌다 | respond 응답하다

2.

Q1. When is Jonathan having a party?

    (A) November 2nd 2PM

    (B) November 2nd 3PM

    (C) November 12th 2PM

    (D) November 20th 3PM

Q2. What should people bring to the birthday party?

    (A) an apple

    (B) a present

    (C) some food

    (D) a birthday card

정답 (B), (A)

해석

> Jonathan 생일 파티
>
> Jonathan은 그의 집에서 12번째 생일을 기념 할 거예요! 와서 그와 함께 축하해요.
>
> 장소: 20 Royal 길
>
> 시간: 오후 3시
>
> 날짜: 11월 2일
>
> *사과 사탕을 만들기 위한 사과를 가져오세요!

Q1. Jonathan은 언제 파티를 하는가?

    (A) 11월 2일 오후 2시

    (B) 11월 2일 오후 3시

    (C) 11월 12일 오후 2시

    (D) 11월 20일 오후 3시

Q2. 사람들은 생일 파티에 무엇을 가져와야 하는가?

    (A) 사과

    (B) 선물

    (C) 음식

    (D) 생일 카드

풀이 Q1. 생일 파티 초대장에서 Time과 Date 부분을 살펴보면 파티가 11월 2일 오후 3시임을 알 수 있으므로 (B)가 정답이다.

    Q2. 초대장 가장 아랫부분에 사과 토피 사탕을 만들기 위해 사과를 가져오라고 했으므로 (A)가 정답이다.

Words and Phrases celebrate 기념하다, 축하하다

🕐 유형 2-표/차트/그래프 (p.148)

Step 3. Practice Test

1.

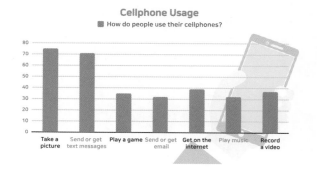

Q1. What do 32% of people do with their cell phones?

(A) **play music**

(B) take a picture

(C) get on the internet

(D) send or get text messages

Q2. What percentage of people record videos?

(A) 31%

(B) **37%**

(C) 41%

(D) 47%

정답 (A), (B)

해석

> 휴대전화 이용 행태 (사람들은 핸드폰을 어떻게 사용할까?)
>
> 사진 촬영
>
> 메세지 발신, 수신
>
> 게임, 오락
>
> 이메일 발신 수신
>
> 인터넷 접속
>
> 음악 재생
>
> 동영상 촬영

Q1. 32%의 사람들은 핸드폰으로 무엇을 하는가?

(A) **음악 재생**

(B) 메시지 발신,수신

(C) 사진 찍기

(D) 인터넷 사용

Q2. 몇 퍼센트의 사람들이 영상을 녹화하는가?

(A) 31%

(B) **37%**

(C) 41%

(D) 47%

풀이 Q1. 그래프에서 약 32%에 해당되는 카테고리는 'play a game', 'send or get email', 'play music'으로 그 중 하나인 (A)가 정답이다.

Q2. 그래프에서 'record a video'는 정확한 수치는 알 수 없지만 40% 미만 35% 이상으로 유추할 수 있다. 따라서 (B)가 정답이다.

Words and Phrases cellphone 핸드폰 | usage 사용량 | take a picture 사진을 찍다 | record a video 영상을 녹화하다

2.

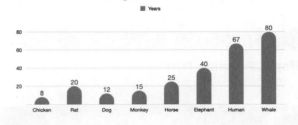

How Long Do Animals Live?

Q1. Which animal lives the longest?

(A) dogs

(B) horses

(C) **whales**

(D) monkeys

Q2. Which animal lives less than 20 years?

(A) horses

(B) humans

(C) **monkeys**

(D) elephants

정답 (C), (C)

해석

> 동물들은 얼마나 오래 살까?
>
> 햇수
>
> 닭 / 쥐 / 개 / 원숭이 / 말 / 코끼리 / 인간 / 고래

Q1. 어떤 동물이 가장 오래 사는가?

(A) 개

(B) 말

(C) 고래

(D) 원숭이

Q2. 어떤 동물이 20년보다 적게 사는가?

(A) 말

(B) 인간

(C) 원숭이

(D) 코끼리

풀이 Q1. 그래프에서 고래가 80년으로 가장 오래 사는 것으로 나타나므로 정답은 (C)이다.

Q2. 그래프에서 20년보다 적게 사는 동물들은 닭, 개, 원숭이로 정답은 (C)이다.

Words and Phrases live 살다 | chicken 닭 | rat 쥐 | human 인간 | whale 고래

유형 3-일정 (p.156)

Step 3. Practice Test

1.

Ahmed's Summer Schedule

MON	Make Something Monday	Build with Lego	Craft with paper
TUE	Take a Trip Tuesday	Go to museums	Go to parks
WED	Wet and Wild Wednesday	Go swimming	Go to the beach
THU	Thinking Thursday	Go to the library	Do science experiments
FRI	Fun and Friends Friday	Play board games	Play sports

Q1. If Ahmed wants to build a block city, on which day would he do it?

(A) on Monday
(B) on Tuesday
(C) on Wednesday
(D) on Thursday

Q2. Ahmed invited his friend Franco to play board games. Which day is it?

(A) Tuesday
(B) Wednesday
(C) Thursday
(D) Friday

정답 (A), (D)

해석

월	만들기 월요일	레고 만들기	종이 공예하기
화	여행하는 화요일	박물관 가기	공원가기
수	젖고 거친 수요일	수영하기	해변가기
목	생각하는 목요일	도서관 가기	과학 실험하기
금	재미와 친구들 금요일	보드게임 하기	운동하기

Q1. Ahmed가 블록 도시를 만들고 싶다면 무슨 요일에 해야 하는가?

(A) 월요일
(B) 화요일
(C) 수요일
(D) 목요일

Q2. Ahmed가 친구 Franco와 같이 보드 게임을 하기 위해 초대했다. 무슨 요일인가?

(A) 화요일
(B) 수요일
(C) 목요일
(D) 금요일

풀이 Q1. 'Make Something Monday(만들기 월요일)'는 레고, 종이 공예같은 만들기를 하는 날로써 블록 도시를 만드는 요일로 유추할 수 있다. 따라서 (A)가 정답이다.

Q2. 'Fun and Friends Friday(재미와 친구들 금요일)'는 친구들과 함께 어울리는 보드게임, 운동 등을 하는 날이 므로 (D)가 정답이다.

Words and Phrases summer 여름 | craft 공예 | take a trip 여행하다 | museum 박물관 | library 도서관 | experiment 실험

2.

Ann's Summer Camp Schedule

Time	Monday	Tuesday	Wednesday	Thursday	Friday
9:00-10:00	Games	Games	Games	Games	Games
10:00-11:00	Team Activity	Dance Class	Team Activity	Dance Class	Team Activity
11:00-12:00	Swimming	Basketball	Swimming	Basketball	Swimming
12:00-13:00	Lunch				
13:00-13:30	Free Time	Free Time	Free Time	Free Time	Free Time
13:30-15:00	Art & Crafts	Theater	Art & Crafts	Theater	Art & Crafts
15:00-16:00	Outdoor Activities	Outdoor Activities	Outdoor Activities	Outdoor Activities	Outdoor Activities

Q1. What time does the camp start every day?

(A) 9:00
(B) 12:00
(C) 13:30
(D) 16:00

Q2. How many times does Ann play basketball in a week?

(A) once
(B) twice
(C) three times
(D) four times

정답 (A), (B)

해석

시간	월요일	화요일	수요일	목요일	금요일
9:00-10:00	게임	게임	게임	게임	게임
9:00-10:00	팀 활동	춤 수업	팀 활동	춤 수업	팀 활동
11:00-12:00	수영	농구	수영	농구	수영
12:00-13:00	점심				
13:00-13:30	자유 시간	자유 시간	자유 시간	자유 시간	자유 시간
13:30-15:00	미술 & 공예	연극	미술 & 공예	연극	미술 & 공예
15:00-16:00	야외 활동	야외 활동	야외 활동	야외 활동	야외 활동

Q1. 캠프는 매일 몇 시에 시작하는가?

   (A) 9:00

   (B) 12:00

   (C) 13:30

   (D) 16:00

Q2. Ann은 일주일에 몇 번 농구를 하는가?

   (A) 한 번

   (B) 두 번

   (C) 세 번

   (D) 네 번

풀이 Q1. 일정표에 따르면 매일 9시부터 일정이 진행되므로 (A)가 정답이다.

   Q2. 일정표에 따르면 화요일과 목요일에 농구를 하므로 (B)가 정답이다.

Words and Phrases activity 활동 | craft 공예 | outdoor 야외의 | theater 연극

Step 3. Practice Test

1.

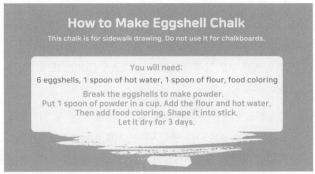

How to Make Eggshell Chalk
This chalk is for sidewalk drawing. Do not use it for chalkboards.

You will need:
6 eggshells, 1 spoon of hot water, 1 spoon of flour, food coloring

Break the eggshells to make powder.
Put 1 spoon of powder in a cup. Add the flour and hot water.
Then add food coloring. Shape it into stick.
Let it dry for 3 days.

Q1. What is this chalk for?

   (A) drawing on paper

   (B) drawing on streets

   (C) drawing on windows

   (D) drawing on chalkboards

Q2. What do you add last to the eggshell powder?

   (A) eggs

   (B) flour

   (C) water

   (D) food coloring

정답 (B), (D)

해석

계란 껍질 분필 만드는 방법
이 분필은 보도 그리기용입니다. 칠판에는 사용하지 마세요.

필요한 재료
달걀 껍질 6개, 뜨거운 물 한 술, 밀가루 한 술, 식용색소

달걀 껍질을 부셔 가루로 만든다.
컵에 가루 한 술을 넣는다. 밀가루와 뜨거운 물을 넣는다.
그 후 식용색소를 추가한다. 막대기로 모양을 잡는다.
3일간 건조시킨다.

Q1. 분필은 무엇을 위한 것인가?

   (A) 종이에 그리기

   (B) 거리에 그리기

   (C) 창문에 그리기

   (D) 칠판에 그리기

Q2. 달걀껍질 가루에 추가하는 가장 마지막 재료는?

    (A) 물

    (B) 밀가루

    (C) 달걀

    (D) 식용색소

풀이 Q1. 안내 문구로 "This chalk is for sidewalk drawing. (이 분필은 보도 그리기용입니다.)"라고 언급하였으므로 (B)가 정답이다.

    Q2. 분필 만드는 순서는 계란 껍질 가루로 만든 후 밀가루와 뜨거운 물을 넣은 다음 맨 마지막 순서로 식용색소를 추가하는 것이다. 따라서 (D)가 정답이다.

Words and Phrases eggshell 달걀 껍질 | chalk 분필 | sidewalk 보도, 인도 | chalkboard 분필 칠판 | flour 밀가루 | food coloring 식용색소 | stick 막대기

2.

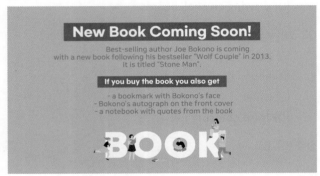

Q1. What is NOT true about 'Stone Man'?

    (A) Joe Bokono wrote it.

    (B) It was published in 2013.

    (C) It has a notebook with quotes.

    (D) You can get a bookmark with it.

Q2. What is 'Wolf Couple'?

    (A) a new book by Bokono

    (B) a book published on January 1st

    (C) a book with a notebook of quotes

    (D) a book released before "Stone Man"

정답 (B), (D)

해석

> 새로운 책이 곧 나옵니다!
> 베스트셀러 작가 Joe Bokono는 2013년도 베스트셀러인 'Wolf Couple'에 이어 새로운 책으로 찾아옵니다.
> 그것은 'Stone Man'이라는 제목입니다.
> 책을 사면 다음과 같은 혜택이 있습니다:
> – Bokono의 얼굴이 있는 서표
> – 표지에 Bokono의 사인
> – 책 인용구가 적힌 공책

Q1. 'Stone Man'에 대해 사실이 아닌 것은 무엇인가?

    (A) Joe Bokono가 썼다.

    (B) 2013년에 출판되었다.

    (C) 인용구가 적힌 공책이 있다.

    (D) 책갈피를 함께 받을 수 있다.

Q2. 'Wolf Couple'은 무엇인가?

    (A) Bokono가 쓴 새로운 책

    (B) 1월 1일에 출판된 책

    (C) 인용구가 적힌 공책이 있는 책

    (D) 'Stone Man'이전에 발행된 책

풀이 Q1. 'Stone Man'은 2013년도 베스트셀러인 'Wolf Couple'뒤에 나온 책이므로 (B)가 정답이다.

    Q2. 'Wolf Couple'은 'Stone Man'이전에 발행된 책이므로 (D)가 정답이다.

Words and Phrases bestseller 베스트셀러 | bookmark 책갈피 | publish 출판하다, 발행하다 | autograph 사인 | quote 인용구[문]

⏱ 유형 5-웹사이트/소셜미디어 (p.172)

Step 3. Practice Test

1.

Q1. Why did Haizle send a message to Katy?

    (A) to give a present for Katy

    (B) to make a plan for Saturday

    (C) to tell Katy that her earphones are broken

    (D) to let Katy know she has Katy's earphone

Q2. When does Katy want to take her earphones back?

    (A) right now

    (B) tomorrow

    (C) next Sunday

    (D) this Saturday

정답 (D), (D)

해석

케이티! 내가 네 이어폰 가지고 있어. 어쩌다가 내 가방에 들어간 것 같아.
오! 나 그거 찾고 있었어. 안 잃어버려서 다행이네.
언제 가져갈래?
우리 이번주 토요일에 만날 거니까 그 때 주면 돼.
그래. 그때 보자!

Q1. Haizle은 왜 Katy에게 문자했는가?

    (A) Katy에게 선물 주기 위해

    (B) 토요일 계획을 세우기 위해

    (C) Katy의 이어폰이 고장났다고 말하기 위해

    (D) Katy에게 그녀가 Katy의 이어폰을 가지고 있다고 말하기 위해

Q2. Katy는 언제 이어폰을 가져가길 원하는가?

    (A) 지금 당장

    (B) 내일

    (C) 다음 주 일요일

    (D) 이번 주 토요일

풀이 Q1. Haizle의 문자 "Katy! I have your earphones. I think they got into my bag somehow."를 보면 이어폰을 자신이 가지고 있다고 전달하기 위해 문자했음을 알 수 있으므로 (D)가 정답이다.

    Q2. 케이티는 "We will meet this Saturday anyway, so you can give them to me then." 토요일에 만날 때 달라고 말하고 있으므로 (D)가 정답이다.

Words and Phrases earphone 이어폰 | lose 잃어버리다 | take 가져가다

2.

Q1. What product are the reviews likely for?

    (A) a mixer

    (B) an ice tray

    (C) a water bottle

    (D) an ice-cream maker

Q2. Why does Reviewer 2 NOT like the product?

    (A) It is too small.

    (B) It is not easy to clean.

    (C) The design is not good.

    (D) The outside gets dirty easily.

정답 (C), (B)

해석

후기 작성자 1
그것은 다소 비싸지만, 괜찮아요. 그것은 오랫동안 물을 얼음같이 차갑게 해줘요. 제가 차에 뒀는데, 그 다음 날에도 얼음이 있었어요.
후기 작성자 2
저는 디자인이 정말 마음에 들고 그것은 제 음료를 하루 종일 차갑게 유지해줘요. 하지만 내부가 쉽게 더러워지고 닦기 어려워요. 품질에 비해 가격이 너무 높아요.

Q1. 어떤 제품의 후기로 가장 적절한가?

    (A) 믹서기

    (B) 제빙 그릇

    (C) 물통

    (D) 아이스크림 제조기

Q2. 후기 작성자 2는 왜 그 제품을 좋아하지 않는가?

    (A) 그것은 너무 작다.

    (B) 그것은 닦기 힘들다.

    (C) 디자인이 좋지 않다.

    (D) 외부가 쉽게 더러워진다.

풀이 Q1. 물을 차갑게 유지하는 기능에 대해 이야기하고 있으므로 (C)가 정답이다.

Q2. 후기 작성자 2의 내용을 보면 디자인은 좋지만, 내부가 쉽게 더러워지고 닦기 어렵다고 했으므로 (B)가 정답이다.

Words and Phrases expensive 비싼 | icy 얼음같이 찬 | easily 쉽게 | price 가격 | quality 품질 | mixer 믹서기 | ice tray 제빙 그릇

⏱ 유형 6-광고문/브로셔/쿠폰 (p.180)

Step 3. Practice Test

1.

Come join us
at the opening of our new painting class!

Painting has many benefits including
❶ Stress relief
❷ Promotes creativity
❸ Promotes emotional growth

Healing Arts will provide all of the paint, brushes and canvases for free.
There is a class fee of $10. Snacks and drinks will be available for purchase.
Please arrive on time. Class will start at 7:30 P.M at 123 Painting St. Trenton, New Jersey.
We hope to see you there!

Q1. What will Healing Arts NOT provide?
(A) free paint
(B) free snacks
(C) free brushes
(D) free canvases

Q2. How much should you pay for the class?
(A) ten dollars
(B) twelve dollars
(C) twenty dollars
(D) twenty three dollars

정답 (B), (A)

해석

새로 개설한 그림 수업 오프닝에 함께 하세요!
그림 그리기는 많은 유익한 점이 있습니다.
1. 스트레스 해소
2. 창의력 촉진
3. 감성 촉진
힐링아츠는 물감, 붓, 캔버스를 무료로 제공합니다.
수강료는 10달러입니다. 간식과 음료는 구매시 이용 가능합니다. 시간에 맞춰 오세요. 수업은 123 Painting St. Trenton, New Jersey에서 오후 7:30에 시작합니다.

Q1. Healing Arts가 제공하지 않는 것은?
(A) 무료 물감
(B) 무료 간식
(C) 무료 붓
(D) 무료 캔버스

Q2. 수업은 얼마 인가?
(A) 10 달러
(B) 12 달러
(C) 20 달러
(D) 23 달러

풀이 Q1. "Snacks and drinks will be available for purchase." 즉 간식은 유료이므로 (B)가 정답이다.

Q2. "There is a class fee of $10." 수업료는 10달러로 (A)가 정답이다.

Words and Phrases painting 그림 그리기 | relief 안도, 경감 | promote 촉진하다 | creativity 창의성 | emotional 정서적인| growth 성장 | brush 붓 | canvas 캔버스 | fee 요금, 비용 | purchase 구입하다

2.

Congratulations!

You've won 2 double cheese burgers for the price of one!
Show this coupon when you order to a double cheese burger
or double vegeterian cheeseburger and receive another one free!

Limit only 1 coupon per customer per visit.
Available until January 15th, 2025

Q1. What type of coupon is this?

  (A) 25% off

  (B) free upgrade

  (C) extra gift item

  (D) buy one get one free

Q2. What can customers NOT do with this coupon?

  (A) buy four cheeseburgers at one time

  (B) receive a discount until January 15th

  (C) buy two cheeseburgers at a lower price

  (D) get vegetarian burgers instead of beef ones

정답 (D), (A)

해석

축하드립니다!

당신은 한개 가격으로 더블 치즈 버거 두개를 받을 수 있습니다! 더블치즈 버거 혹은 채식 더블 치즈 버거를 주문할 때 이 쿠폰을 보여주고 다른 한개는 공짜로 받으세요!

1회 방문 시 1회 사용으로 제한

2025년 1월 15일까지 사용 가능

Q1. 이것은 어떤 종류의 쿠폰인가?

  (A) 25% 할인

  (B) 무료 업그레이드

  (C) 추가 선물

  (D) 1+1

Q2. 소비자들은 이 쿠폰으로 무엇을 할 수 없는가?

  (A) 치즈버거 4개 한꺼번에 사기

  (B) 1월 15일까지 할인 받기

  (C) 치즈버거 두 개 싸게 사기

  (D) 소고기 대신 채식 햄버거 사기

풀이 Q1. 버거 한개를 사면 다른 한 개를 무료로 받는 1+1 쿠폰이기 때문에 (D)가 정답이다.

  Q2. 치즈버거 두 개를 낮은 가격으로 사는 일회성 1+1 쿠폰이며, 이것으로 4개의 치즈 버거를 한꺼번에 살 수 없기 때문에 (A)가 정답이다.

Words and Phrases price 가격 | coupon 쿠폰 | vegetarian 채식, 채식주의자 | receive 받다 | limit 제한 | available 가능한

⏱ 유형 7-기타 실용문 (p.188)

Step 3. Practice Test

1.

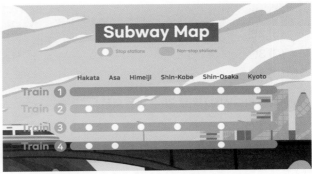

Q1. Which train goes from Hakata to Kyoto?

  (A) Train 1

  (B) Train 2

  (C) Train 3

  (D) Train 4

Q2. From which station can a passenger take Train 4 to Shin-Osaka?

  (A) Asa

  (B) Kyoto

  (C) Himeiji

  (D) Shin-Kobe

정답 (B), (A)

해석

	하카타	아사	히메지	신고베	신오사카	교토
지하철 지도 정차역/비정차역						
기차 1				○	○	○
기차 2	○		○		○	○
기차 3	○	○	○	○	○	
기차 4	○	○			○	

Q1. 하카타에서 교토로 가는 기차는?

(A) 1번

(B) 2번

(C) 3번

(D) 4번

Q2. 기차를 타고 신오사카로 갈 수 있는 역은?

(A) 아사

(B) 교토

(C) 히메지

(D) 신고베

풀이 Q1. 지하철 지도를 보면 하카타부터 교토까지 가는 기차는 2번 기차로 (B)가 정답이다.

Q2. 4번기차는 하카타, 아사, 신오사카를 갈 수 있으므로 (A)가 정답이다.

Words and Phrases subway 지하철 | station 역 | passenger 승객

2.

Q1. Sue is at a pizzeria. She has 6 dollars. How many portions can she get?

(A) a single slice

(B) a double slice

(C) a half pizza

(D) a whole pizza

Q2. How many options do they have?

(A) 4

(B) 8

(C) 16

(D) 30

정답 (A), (A)

해석

피자 메뉴			
4$ 한 조각	8$ 두 조각	16$ 반판	30$ 한판

Q1. Sue는 피자 가게에 있다. 그녀는 6달러가 있다. 그녀는 얼마만큼의 피자를 살 수 있는가?

(A) 한 조각

(B) 두 조각

(C) 반 판

(D) 한 판

Q2. 몇 개의 옵션이 있는가?

(A) 4

(B) 8

(C) 16

(D) 30

풀이 Q1. 메뉴판에서 6달러 이하의 피자를 찾아야 하므로 (A)가 정답이다.

Q2. 메뉴판에는 총 4종류가 나와있으므로 (A)가 정답이다.

Words and Phrases single 단일의 | slice 조각 | half 반 | whole 전체의| portion 부분, 1인분 | pizzeria 피자 전문점

Part D. General Reading and Retelling

🕐 유형 1-제목 찾기 (p.200)

Step 3. Practice Test

1. Everyone knows about turtles. But what about tortoises? Turtles and tortoises are different. Turtles can go in water and on land. But they mostly stay in water. Their feet are like paddles. The paddles help them swim. Tortoises live on land. They can't swim. They have short feet. A turtle's shell is flat. But a tortoise's shell looks like a dome.

Q1. What is the best title for this passage?
   (A) Raising Turtles and Tortoises
   (B) Famous Turtles and Tortoises
   (C) Favorite Foods of Turtles and Tortoises
   (D) Differences between Turtles and Tortoises

Q2. According to the passage, what is true about turtles and tortoises?
   (A) Turtles cannot swim.
   (B) Tortoises can swim very fast.
   (C) Turtles can stay in water and on land.
   (D) Tortoise shells are flatter than turtle shells.

정답 (D), (C)

해석 모두가 바다거북이에 대해서 알고 있다. 하지만 육지거북에 대해서는 어떠한가? 바다거북과 육지거북은 다르다. 바다거북은 물과 땅에 모두 갈 수 있다. 하지만 대부분 물에 머무른다. 그들의 발은 노 같다. 노는 그들이 수영할 수 있도록 도와준다. 육지거북이는 육지에서 산다. 그들은 수영을 못한다. 그들은 짧은 다리를 가지고 있다. 바다거북의 등껍질은 평평하지만 육지거북의 등껍질은 돔 형태이다.

Q1. 글의 제목으로 가장 적절한 것은?
   (A) 바다거북과 육지거북 기르기
   (B) 유명한 바다거북과 육지거북
   (C) 바다거북과 육지거북이 좋아하는 음식
   (D) 바다거북과 육지거북의 차이점

Q2. 바다거북과 육지거북에 대한 설명으로 알맞은 것은?
   (A) 바다거북은 수영할 수 없다.
   (B) 육지거북은 아주 빨리 수영한다.
   (C) 바다거북은 물과 육지에 둘 다 있을 수 있다.
   (D) 육지거북의 등껍질은 바다거북의 등껍질보다 평평하다.

풀이 Q1. 본문의 내용은 바다거북과 육지거북의 다른 점, 즉 차이점들을 비교하고 있다. 따라서 정답은 (D)이다.

   Q2. "Turtles can go in water and on land" 바다거북은 물과 육지에 모두 갈 수 있으므로 정답은 (C)이다.

Words and Phrases raise 기르다 | famous 유명한 | difference 차이점 | swim 수영하다 | flat 납작한

2. Jane went to the beach with her family. The first thing she did was changing into her swimsuit and going swimming. Swimming in the ocean feels different from swimming in the pool. Then, she took a rest under a parasol and ate ice cream. After that, she made a sandcastle with her brother.

Q1. What is the best title for this passage?
   (A) Jane's little brother
   (B) Jane's favorite sport
   (C) Jane's day at the beach
   (D) Jane's trip to the mountains

Q2. According to the passage, what is true about Jane?
   (A) She ate watermelon.
   (B) She swam in the pool.
   (C) She built a sandcastle.
   (D) She played with a ball.

정답 (C), (C)

해석 Jane은 가족과 함께 해변가에 갔다. 그녀가 제일 먼저 한 것은 수영복으로 갈아입고 수영한 것이다. 바다에서 수영하는 것은 수영장에서 수영하는 것과 느낌이 다르다. 그리고 나서, 그녀는 파라솔 밑에서 쉬면서 아이스크림을 먹었다. 이후에, 그녀는 남동생과 함께 모래성을 만들었다.

Q1. 글의 제목으로 가장 적절한 것은?
   (A) Jane의 남동생
   (B) Jane이 가장 좋아하는 스포츠
   (C) Jane이 해변가에 간 날
   (D) Jane이 산으로 간 여행

Q2. Jane에 대한 설명으로 알맞은 것은?
   (A) 그녀는 수박을 먹었다.
   (B) 그녀는 수영장에서 수영을 했다.
   (C) 그녀는 모래성을 만들었다.
   (D) 그녀는 공을 가지고 놀았다.

풀이 Q1. 본문의 내용은 Jane이 해변가에서 하루를 보낸 내용이다. 따라서 (C)가 정답이다.

Q2. Jane은 남동생과 함께 모래성을 만들었으므로 (C)가 정답이다.

Words and Phrases beach 해변가 | change 갈아입다 | swimsuit 수영복 | pool 수영장 | parasol 파라솔 | sandcastle 모래성 | brother 남동생 | favorite 가장 좋아하는 | trip 여행 | mountain 산 | watermelon 수박 | ball 공

⏱ 유형 2-주제 찾기 (p.208)

Step 3. Practice Test

1. Brandy went shopping for a bike, because her old one was broken. This time, she wanted to buy a one with strong handles. At the shop, she found the one she liked. But it was so expensive that she could not afford it. Then she found a discount tag on the bike. Luckily, she could buy it at half price.

Q1. What is the main idea of the passage?
   (A) Brandy's bike is broken.
   (B) Brandy buys a new bike.
   (C) Brandy wants to fix the bike.
   (D) Brandy's bike is too expensive.

Q2. Why did Brandy shop for a new bike?
   (A) Because it was on sale.
   (B) Because it was sold out.
   (C) Because she broke the one she had.
   (D) Because she wanted a different color.

정답 (B), (C)

해석 Brandy는 자전거를 사러 갔다. 왜냐하면 그녀의 오래된 자전거가 고장 났기 때문이다. 그녀는 이번에는 강한 핸들을 가진 자전거를 사고 싶었다. 가게에서 그녀는 마음에 드는 것을 찾았다. 하지만 그것은 너무 비싸서 그녀가 살 수 없었다. 그 후 그녀는 가격표를 찾았다. 다행히 그녀는 그것을 절반 가격에 살 수 있었다.

Q1. 본문의 주제로 알맞은 것은?
   (A) Brandy의 자전거는 고장났다.
   (B) Brandy가 새로운 자전거를 사다.
   (C) Brandy는 자전거를 고치길 원한다.
   (D) Brandy의 자전거는 너무 비싸다.

Q2. Brandy는 왜 새로운 자전거를 샀을까?
   (A) 세일해서
   (B) 품절되어서
   (C) 갖고 있던 것이 고장 나서
   (D) 다른 색을 원해서

풀이 Q1. 본문의 내용은 Brandy의 자전거가 고장났기 때문에 새로운 자전거를 구매하는 과정에 대해 묘사하고 있다. 따라서 (B)가 정답이다.

Q2. "Brandy went shopping for a bike, because her old one is broken."를 통해 자전거가 고장났음을 알 수 있다. 따라서 (C)가 정답이다.

Words and Phrases bike 자전거 | broken 고장난 | buy 구매하다 | strong 강한, 튼튼한 | handle 손잡이 | expensive 비싼 | afford 감당하다 | tag 꼬리표 | luckily 운이 좋게도, 다행히 | half 반의 | price 가격 | on sale 할인중인, 판매되는 | sold out 품절되다 | color 색

2. Christina got a new dog for her birthday. Christina has been asking for a dog since she was five years old. This was her eighth birthday. She was so happy that she screamed. Her dog is brown with white spots. It has short ears and a long tail. Christina named it Cookie. She plays with it everyday.

Q1. What is the main idea of the passage?
   (A) Christina's old pet
   (B) Christina's new dog
   (C) Christina's cookie jar
   (D) Christina's fifth birthday

Q2. How old is Christina turning?

    (A) five years old

    (B) six years old

    (C) seven years old

    (D) eight years old

정답 (B), (D)

해석 Christina는 그녀의 생일 선물로 새로운 강아지를 받았다. Christina는 5살부터 강아지를 원한다고 말했다. 이번은 그녀의 8번째 생일이다. 그녀는 너무 행복해서 소리를 질렀다. 그녀의 강아지는 갈색에 흰색 점이 있다. 그것은 귀가 짧고 꼬리가 길다. Christina는 그것을 Cookie라고 이름 지었다. 그녀는 그것과 함께 매일 논다.

Q1. 본문의 주제로 알맞은 것은?

    (A) Christina의 나이 많은 애완동물

    (B) Christina의 새로운 강아지

    (C) Christina의 쿠키 병

    (D) Christina의 5번째 생일

Q2. Christina는 몇살이 되는가?

    (A) 다섯살

    (B) 여섯살

    (C) 일곱살

    (D) 여덟살

풀이 Q1. 본문의 내용은 Christina의 새로운 강아지에 대한 내용이다. 따라서 (B)가 정답이다.

    Q2. "This was her eighth birthday."를 통해 Christina가 8살이 된다는 것을 알 수 있다. 따라서 (D)가 정답이다.

Words and Phrases birthday 생일 | scream 소리 지르다 | spot 반점 | tail 꼬리 | old 늙은 | pet 애완동물 | jar 병

🕐 유형 3-세부사항 찾기 (p.216)

Step 3. Practice Test

1.   A monkey found some peanuts in a bottle. He put his hand inside and grabbed the peanuts. However, he could not pull out his hand. The peanuts made his hand too big. He would not let go of the peanuts. Instead, he walked around everywhere with the bottle and asked for help. His friends laughed and did not help him.

Q1. Where did the monkey find the peanuts?

    (A) in a bag

    (B) in a bottle

    (C) under a tree

    (D) behind the couch

Q2. Why did monkey's friends laugh at him?

    (A) His hair had many knots in it.

    (B) He told them a very funny joke.

    (C) He would not take his hand out of the bottle.

    (D) He got in trouble by the teacher during class.

정답 (B), (C)

해석 원숭이는 병에서 땅콩 몇 개를 찾았다. 그는 그의 손을 안에 넣어 땅콩을 잡았다. 하지만 그는 그의 손을 뺄 수 없었다. 땅콩이 그의 손을 너무 크게 만들었다. 그는 땅콩을 놓지 않았다. 대신 그 병과 함께 모든 곳을 돌아다니며 도움을 청했다. 그의 친구들은 비웃었고 도와주지 않았다.

Q1. 원숭이는 어디에서 땅콩을 찾았는가?

    (A) 가방에서

    (B) 병에서

    (C) 나무 밑에서

    (D) 소파 뒤에서

Q2. 원숭이의 친구들이 왜 그를 비웃었는가?

    (A) 그의 머리가 꼬였다.

    (B) 그들에게 웃긴 농담을 했다.

    (C) 그는 병에서 손을 빼지 않았다.

    (D) 그는 수업시간에 선생님께 혼났다.

풀이 Q1. "A monkey found some peanuts in a bottle. (원숭이는 병에서 땅콩 몇 개를 찾았다.)"이라는 문장을 통해 병에서 땅콩을 찾았음을 알 수 있으므로 (B)가 정답이다.

    Q2. "He would not let go of the peanuts. Instead, he walked around everywhere with the bottle and asked for help. His friends laughed and did not help him."이라는 문장을 통해 원숭이의 손이 병에 끼인 상태로 돌아다니는 모습을 비웃었음을 유추할 수 있으므로 (C)가 정답이다.

Words and Phrases bag 가방 | under ~밑에 | behind ~뒤에 | couch 소파 | laugh at 비웃다 | knot 매듭 | joke 농담 | trouble 곤란

2. Julie is visiting the amusement park for the third time. The first two times she came with her family. However, this time, she came with her friends. Julie's favorite ride is the big and scary rollercoaster. Julie loves rollercoasters. She also likes riding bumper cars. The last ride, she goes on, is a ferris wheel.

Q1. Who did Julie come to the amusement park with this time?
(A) her class
(B) her family
(C) her friends
(D) her cousins

Q2. What is Julie's favorite ride?
(A) ferris wheel
(B) rollercoaster
(C) bumper cars
(D) merry-go-round

정답 (C), (B)

해석 Julie는 놀이공원을 3번째로 방문한다. 처음 두 번은 가족들이랑 갔다. 하지만 이번에는 친구들과 함께 왔다. Julie가 가장 좋아하는 놀이 기구는 크고 무서운 롤러코스터다. Julie는 롤러코스터를 좋아한다. 그녀는 범퍼카를 타는 것도 좋아한다. 그녀가 마지막으로 타는 놀이 기구는 대관람차이다.

Q1. Julie는 이번에 누구랑 함께 놀이동산에 왔는가?
(A) 그녀의 반
(B) 그녀의 가족
(C) 그녀의 친구들
(D) 그녀의 사촌들

Q2. Julie가 가장 좋아하는 놀이기구는 무엇인가?
(A) 대관람차
(B) 롤러코스터
(C) 범퍼카
(D) 회전목마

풀이 Q1. "However, this time, she came with her friends."을 통해 Julie는 놀이공원을 친구들과 함께 왔다는 사실을 알 수 있다. 따라서 (C)가 정답이다.

Q2. "Julie's favorite ride is the big and scary rollercoaster."를 통해 Julie가 가장 좋아하는 놀이기구는 롤러코스터임을 알 수 있다. 따라서 (B)가 정답이다.

Words and Phrases amusement park 놀이공원 | ride 놀이기구 | scary 무서운 | last 마지막 | rollercoaster 롤러코스터 | class 반 | bumper car 범퍼카 | cousin 사촌 | ferris wheel 대관람차 | merry-go-round 회전목마

⏱ 유형 4-사실 확인 (p.224)

Step 3. Practice Test

1. Larry, Greg, and Mike want to start a band. Larry plays the guitar, Greg plays the piano, and Mike plays the drums. They are looking for a singer. They need someone with a good voice and good looks. They think a girl would be the best. They will ask all of their friends tomorrow to help them find someone who fits in their band.

Q1. Which is NOT in the boy's band right now?
(A) vocalist
(B) pianist
(C) guitarist
(D) drummer

Q2. What kind of singer are the boys NOT looking for?
(A) a boy
(B) a girl
(C) someone looking good
(D) someone who sings well

정답 (A), (A)

해석 Larry, Greg, Mike는 밴드를 시작하고 싶었다. Larry는 기타를 치고 Greg는 피아노를 치고 Mike는 드럼을 친다. 그들은 보컬을 찾고 있었다. 그들은 좋은 목소리와 외모를 갖춘 사람이 필요하다. 그들은 소녀가 가장 좋을 것이라고 생각한다. 그들은 내일 그들 밴드에 맞는 사람을 찾기 위해 그들의 모든 친구들에게 물어볼 것이다.

Q1. 소년의 밴드에 없는 것은?

(A) 보컬리스트

(B) 피아니스트

(C) 기타리스트

(D) 드러머

Q2. 소년들이 찾는 보컬리스트 조건으로 맞지 않은 것은?

(A) 소년

(B) 소녀

(C) 외모가 괜찮은 사람

(D) 노래를 잘하는 사람

풀이 Q1. "Larry plays the guitar, Greg plays the piano, and Mike plays the drums. They are looking for a singer." 이라는 문장을 통해 Larry는 (C) guitarist, Greg는 (B) pianist, Mike는 (D) drummer 이지만 보컬 파트는 없음을 알 수 있다. 따라서 (A)가 정답이다.

Q2. "They think a girl would be the best."이라는 문장을 통해 여자 보컬리스트를 찾고 있음을 알 수 있다. 따라서 보기 중 조건이 아닌 것으로 (A)가 정답이다.

Words and Phrases band 밴드, 악단 | guitar 기타 | piano 피아노 | drum 드럼 | voice 목소리 | look 용모, 외모, 인상 | fit in 어울리다

2. A wolf could not get enough food to eat because the shepherds were always watching. One day, he found a sheep skin that had been forgotten. The next day, he dressed as a sheep. He wanted to lay his hand on a sheep. However, the shepherd decided to have mutton soup for lunch, and ended up killing the wolf.

Q1. According to the passage, what is true?

(A) **The wolf was very hungry.**

(B) The wolf was killed by a lion.

(C) The wolf killed the shepherd.

(D) The wolf dressed up as a shepherd.

Q2. What is NOT true about the wolf?

(A) He dressed as a sheep.

(B) He found some sheep skin.

(C) He was killed by the shepherd.

(D) **He ended up eating many sheep.**

정답 (A), (D)

해석 한 늑대는 양치기들이 항상 지켜보고 있어서 충분히 먹을 음식을 얻지 못했다.어느 날, 그는 잊혀진 양 털을 발견했다. 다음날, 그는 양으로 변장했다. 그는 양에게 손을 대고 싶었다. 하지만, 양치기가 점심으로 양고기가 들어간 스프를 먹기로 결정하고 늑대를 죽이고 말았다.

Q1. 본문에 언급된 내용으로 알맞은 것은?

(A) **늑대는 배가 매우 고팠다.**

(B) 늑대는 사자로 인해 죽임을 당했다.

(C) 늑대는 양치기를 죽였다.

(D) 늑대는 양치기인 척을 했다.

Q2. 늑대에 대해 사실이 아닌 것은?

(A) 그는 양인 척을 했다.

(B) 그는 양 털을 발견했다.

(C) 그는 양치기로 인해 죽임을 당했다.

(D) **그는 양을 많이 먹었다.**

풀이 Q1. .'A wolf could not get enough food to eat'을 통해 늑대는 배가 매우 고픈 것을 알 수 있다. 따라서 (A)가 정답이다.

Q2. 늑대는 양을 먹으려던 순간 양치기로 인해 죽임을 당했기 때문에 (D)가 정답이다.

Words and Phrases hungry 배고픈 | lion 사자 | shepherd 양치기 | sheep 양 | sheep skin 양 털 | wolf 늑대 | forgotten 잊혀진 | mutton 양고기

memo

memo

국제토셀위원회

TOSEL
유형분석집

BASIC

Section II.
Reading & Writing